O Uso Político das Forças Armadas
e outras questões militares

"Senhora - Os oficiais, membros do Clube Militar, pedem a V.A. Imperial vênia para dirigir (...) uma súplica. (...) Esperam que o Governo Imperial não consinta que (...) os soldados sejam encarregados da captura dos pobres negros que fogem à escravidão. (...) Não consinta que os oficiais e praças do Exército sejam desviados da sua nobre missão".[1]

---

1 "O Ocaso do Império", de Oliveira Viana. Edições do Senado Federal, 2004, p. 70-71. Fluminense de Saquarema/RJ, Oliveira Viana nasceu em 1883 e morreu em 1951, em Niterói, aos 68 anos.

João Rodrigues Arruda

O Uso Político das Forças Armadas
e outras questões militares

Prefácio: Wálter Maierovitch

Rio de Janeiro, 2007
1ª Edição

*m*auad X

Copyright @ by João Rodrigues Arruda, 2007

Direitos desta edição reservados à
MAUAD Editora Ltda.
Rua Joaquim Silva, 98, 5º andar
Lapa — Rio de Janeiro — RJ — CEP: 20241-110
Tel.: (21) 3479.7422 — Fax: (21) 3479.7400
www.mauad.com.br

Projeto Gráfico:
Núcleo de Arte/Mauad Editora

CIP-BRASIL. CATALOGAÇÃO-NA-FONTE
SINDICATO NACIONAL DOS EDITORES DE LIVROS, RJ.

A817u
    Arruda, João Rodrigues, 1938-
        O uso político das Forças Armadas : e outras questões militares / João Rodrigues Arruda ; prefácio Wálter Fanganiello Maierovitch. - Rio de Janeiro: Mauad X, 2007.

    Inclui bibliografia
    ISBN 978-85-7478-209-6

        1. Brasil - Forças Armadas. 2. Brasil - Forças Armadas - Atividades políticas. 3. Brasil - Política e governo - 1985-. 4. Relações entre civis e militares. 5. Intervenção (Governo federal). 6. Segurança pública. I. Título.

07-0040.   CDD: 320.981
                                                                          CDU: 32(81)

Dedico este livro à minha esposa, Julita, há meio século companheira incentivadora, inseparável e insuperável. Aos meus filhos, Dayse, Denize e Julio Cesar, e aos meus netos, Gabriela, Pedro Henrique, Felipe, João Vitor e Amandha.

SUMÁRIO

Nota do autor	9
Prefácio – *Wálter Maierovitch*	11
Ciranda das Vivandeiras	15
Disciplina: A Busca da Harmonia entre Direitos e Deveres	19
A Espada e a Toga	29
Regulamentos à Margem da Lei	47
O Arbítrio no Quarto dos Fundos	55
Operação Tabatinga	75
A Guerra da Rocinha	81
O Jogo Político e as Forças Armadas	89
Os Novos Capitães-do-Mato	105
Serviço Militar a Serviço do Cidadão	115
Tribunal Penal Internacional (Os Réus Assinalados)	125
Inconclusões	141
Notas	147
Bibliografia	165

ABREVIATURAS UTILIZADAS

ABEMAFA – Associação Beneficente, Religiosa, Cultural e Esportiva dos Militares da Armada e Forças Auxiliares

Ac Un – Acórdão unânime

ADIN – Ação Direta de Inconstitucionalidade

AGU – Advocacia Geral da União

AMAN – Academia Militar das Agulhas Negras

ANPRAFA - Associação Nacional de Praças das Forças Armadas

APEB – Associação de Praças do Exército Brasileiro

CESDIM – Centro de Estudos de Direito Militar

CF – Constituição Federal

CJMEx – Consultoria Jurídica do Ministério do Exército

COTer – Comando de Operações Terrestres

CPDOC - Centro de Pesquisa e Documentação de História Contemporânea do Brasil

CPM – Código Penal Militar

Dec – Decreto

DHBB – Dicionário Histórico-Biográfico Brasileiro

DJ – Diário da Justiça

EC – Emenda Constitucional

ECEME – Escola de Comando e Estado-Maior do Exército

EsAO – Escola de Aperfeiçoamento de Oficiais

FGV – Fundação Getúlio Vargas

Gen Ex – General-de-Exército

HC – Habeas Corpus

LC – Lei Complementar

MPF – Ministério Público Federal

MPM – Ministério Público Militar

PEC – Projeto de Emenda Constitucional

PFL – Partido da Frente Liberal

PJM/RJ – Procuradoria da Justiça Militar do Rio de Janeiro

PL – Partido Liberal

PLS – Projeto de Lei do Senado

PMDB – Partido do Movimento Democrático Brasileiro

PMs – Policiais Militares

PSB – Partido Socialista Brasileiro

PT – Partido dos Trabalhadores

RE – Recurso Extraordinário

STF – Supremo Tribunal Federal

STM – Superior Tribunal Militar

UFRJ – Universidade Federal do Rio de Janeiro

NOTA DO AUTOR

Por volta de 1989 fui instigado pelo jornalista Maurício Dias a escrever um livro sobre direito penal militar. Consegui escorregar, daqui e dali, com uma desculpa atrás da outra. Em 2002, tinha acabado de escrever a monografia para o Curso de Altos Estudos de Política e Estratégia, da Escola Superior de Guerra, e imaginei que dois textos – a dissertação de mestrado, escrita em 1984 e a monografia, em 2002 – poderiam ser fundidos e publicados.

Cheio de malícia, avisei ao Maurício que ele, enfim, vencera. E entreguei o texto consolidado para que desse uma olhada. Paguei um justo preço pela ousadia. Graças a nossa fraterna amizade, ele desmontou minhas ilusórias pretensões literárias.

Restou o amor próprio ferido, no bom sentido, claro, e em 2004 voltei à sinfonia inacabada, já agora consciente das minhas inúmeras limitações.

A partir de então, sempre que possível, nos reuníamos e a parceria era perfeita. Eu oferecia o lombo e ele manejava o chicote com maestria. Por quase dois anos, fiquei sob a implacável fiscalização do exterminador de gerúndios e possessivos. A ponto de minha filha, Denize, advogada, mandar avisar ao Maurício que ele seria processado por tratamento desumano e cruel para com o idoso.

Confesso que gostava de "apanhar". Graças à compreensão e à monumental paciência do amigo-mestre, consegui me livrar do *juridiquês* e de outras distorções que me perseguiam, por força até mesmo da atividade profissional.

E se outro mérito não alcançou esse trabalho, posso garantir que serviu para consolidar ainda mais nossa amizade e aumentar minha admiração pelo excelente profissional que ele é.

Não vou agradecer-lhe pela ajuda. Ele jamais me perdoaria. Registro, apenas, que sem ele esse trabalho não teria sido possível.

PREFÁCIO

Mestre em Direito e com atuação destacada, corajosa e independente como promotor da Justiça Militar, o Dr. João Rodrigues Arruda – que também é diretor acadêmico do Centro de Estudos de Direito Militar –, nos apresenta, para leitura, reflexão, aprendizado e preocupações, uma obra extraordinária, que interessa sobremaneira à sociedade civil, nesta quadra de aperfeiçoamento do Estado de Direito e de permanente esforço para se educar à liberdade democrática.

Trata-se de um livro de impacto e profundidade, que – com muita oportunidade e sapiência – coloca luz em questões militares sentidas e mal-entendidas pela sociedade civil, clama pela aplicação de regras estampadas na Constituição da República, busca, enfim, mudanças e sensibilização.

As conseqüências de um longo período de regime militar de exceção, bem como de permanentes e escancaradas violações às liberdade públicas e aos direitos humanos, ainda são sentidas em nosso país. E nesta obra não faltam relatos de casos concretos.

Como frisou o autor ao tratar das sanções disciplinares a militares, dos quadros da ativa e da reserva, em face do novo regulamento disciplinar (RDE) – de discutível constitucionalidade –, "não há como negar que uma das dificuldades enfrentadas pelos altos escalões militares está no fato de os subordinados acionarem o Poder Judiciário para discutir as decisões internas que entendem ilegais. Apesar de ser esse mecanismo adequado e constitucionalmente oferecido ao cidadão para decidir conflitos de interesse".

Como se percebe no curso da leitura desta importante obra, os ventos condutores dos valores mais positivos de uma sociedade moderna ainda encontram resistências para ultrapassar o corpo da guarda e arejar as instituições militares, de relevantíssimo papel na defesa da nossa pátria e na garantia dos poderes constitucionais.

Por outro lado, o próprio Poder Executivo passa a fazer tábula rasa dos princípios constitucionais, aproveitando-se do período de natural retração dos comandantes militares. A respeito, encontramos neste livro do professor João Rodrigues todo o móvel, a partir de 1996, que levou o presidente da República, no final do seu segundo e último mandato, a editar – "como se constituinte fosse"– as diretrizes para o emprego das Forças Armadas em face da Garantia da Lei e da Ordem (GLO).

Com a autoridade de quem "tem a mão na massa" e não se engana na dosagem do fermento, o autor enfrenta o tema do emprego das Forças Armadas no contraste ao fenômeno da criminalidade organizada. Com isenção, mostra o "jogo político" dos governantes, infelizmente nada preocupados em expor as Forças Armadas a aventuras e ao desprestígio. O ex-governador do Rio de Janeiro Anthony Garotinho, na condição de secretário de Estado, chegou a insistir em assumir o comando das tropas militares nas operações de segurança pública. Para rematar, o governo federal, com a constituição de uma "força de elite" para cuidar de segurança pública, oferece esparadrapo para colocar numa fratura exposta do Estado nacional, enquanto a população convive com o medo e é notória a intranquilidade social.

São muitos e relevantes os temas selecionados e bem abordados nesta obra. Passam pela Operação Tabatinga realizada pela Marinha, pelo problema do *habeas corpus*, abate de aeronaves no combate ao narcotráfico, etc.

O escorço histórico, a bem selecionada bibliografia, a linguagem acessível ao comum do povo e o acendrado espírito público do autor são pontos que chamam a atenção e convidam à leitura. Aliás, precisamos dar um basta na linguagem hermética dos tribunais, que afasta o interesse do leigo e cria o caldo propício para o corporativismo.

Com efeito, a obra do promotor e professor João Rodrigues Arruda, pelos valores destacados, terá lugar nas boas bibliotecas, nas prateleiras das livrarias especializadas e até nas dos *shopping centers*, pois, volto a frisar, os temas são de interesse da sociedade social, que não pode deixar de se importar com as Forças Armadas, saber reagir às tentativas de seu uso político e tem o poder-dever de fiscalizar as suas ações e denunciar as omissões. A sociedade civil não é um soldado de reserva, mas – com as suas Ongs e entidades do Terceiro Setor – uma vigilante e ativa defensora da nossa Constituição da República.

Wálter Fanganiello Maierovitch[*]

---

[*]Presidente do Instituto Brasileiro Giovanni Falcone de Ciências Criminais, magistrado estadual aposentado, foi professor visitante da Universidade de Georgetown (Washington). Ex-secretário Nacional para o Fenômeno das Drogas Ilícitas, atuou como especialista convidado das Nações Unidas na Convenção sobre Crime Organizado Transnacional e como observador na Assembléia Especial das Nações Unidas sobre as Drogas Proibidas. Representou o Brasil perante a Organização das Nações Unidas (ONU) e Organização dos Estados Americanos (OEA). Leciona Direito Penal e Direito Processual Penal e é colunista da revista *CartaCapital*.

CIRANDA DAS VIVANDEIRAS

Para Karl von Clausewitz, escritor e militar prussiano, a guerra é um instrumento racional de política nacional[1].

Instrumento, pois deve ter em vista alcançar um objetivo, uma vez que rejeitava a guerra pela guerra.

Racional, porque a deflagração deve ser sempre precedida de uma avaliação dos custos e lucros (vantagens).

Nacional, para que o objetivo seja a satisfação dos interesses de um estado nacional, justificando assim o grande esforço que representa a mobilização.

Certamente Clausewitz, apesar de ter vivido numa época em que as guerras ainda não tinham o caráter nacional, ao escrever "Vom Kriege" (Da Guerra), ainda no século XIX e sob o impacto das guerras napoleônicas, interpretou a política nacional como os interesses de um estado em relação a outros estados soberanos. Não imaginava que, nas longínquas terras brasileiras, a gente da guerra seria também utilizada no âmbito interno para atender a interesses políticos partidários e de oligarquias, manipulada pela astúcia das elites.

E tem sido assim. Em 1904, com a chamada Revolta da Vacina Obrigatória da Escola Militar da Praia Vermelha, os políticos incitaram "oficiais e alunos e os levaram a tentar a derrubada do governo (...). Para os políticos nenhuma conseqüência, mas para os militares, que se deixaram ingenuamente seduzir e foram manipulados por políticos, as conseqüências foram danosas (...). Com os que os manipularam nada aconteceu[2]."

O general Humberto de Alencar Castello Branco, primeiro presidente do regime militar implantado em 1964, deixou registradas as cíclicas tentativas de envolvimento dos militares na política interna, que para ele ocorreram a partir de 1930:

> "Eu os identifico a todos. E são muitos deles, os mesmos que, desde 1930, como vivandeiras[3] alvoroçadas, vêm aos bivaques bulir com os granadeiros e provocar extravagâncias do Poder Militar[4]."

Ao que parece, o alerta de Castello Branco não foi suficiente para que os militares mantivessem as "vivandeiras" afastadas dos quartéis.

> "Vivandaram o empresariado, a banca e todas as instituições sindicais do patronato. Repetindo: todas. Sabiam perfeitamente que havia centrais de torturas nos quartéis. Financiaram-nas com caraminguás. Quando veio a conta do porão, cadê a plutocracia? Conhecem-se nomes de oficiais que se meteram em torturas, mas não se conheceu um só empresário que os estimulasse. (As montadoras do ABC paulista, por exemplo, trocavam listas negras de trabalhadores com o aparelho de repressão política). As vivandeiras passaram a perna nos vivandados. Deixaram a conta da repressão política nas costas dos militares e foram tomar champanha com a turma da Nova República[5]."

Tudo leva a crer que a prevalência do poder civil frente ao poder militar, característica das sociedades democráticas estáveis, não funciona no Brasil com a pureza desejada.

A encenação de permanente estado de vigília dos civis e as periódicas insinuações de que certos limites não devem ser ultrapassados, sob pena de provocar a reação dos militares, servem muito bem como camuflagem. Os militares, apesar de habilidosos na arte da guerra, acreditam – ou fingem acreditar – naquilo que os políticos lhes exibem como real.

É notável o poder de sedução dos políticos – "psicólogos experientes, com o faro balzaquiano das fraquezas humanas" – sobre os militares[6]. Tobias Monteiro traduz como a "exploração do elemento militar pela velhacaria política[7]."

Assim, dos protestos contra a vacinação obrigatória aos golpes de estado, tentados ou consumados, a intervenção militar na política tupiniquim se sucede. O balanço aponta que o ativo é sempre creditado aos civis, enquanto as Forças Armadas ficam com o passivo, pois no fim das contas alguém tem que ser responsabilizado por botar a mão na massa.

É possível identificar, em anos mais recentes, uma tendência de mudança na atuação política das Forças Armadas, muito embora as vivandeiras nunca tenham deixado de prosseguir na ronda aos quartéis.

Alguns militares deixaram registradas várias dessas ocorrências.

Conta o brigadeiro Sócrates Monteiro, ex-ministro da Aeronáutica no governo Fernando Collor de Mello (1990 a 1992), que ele, "o ministro Mário César Flores, da Marinha, e Carlos Tinoco, do Exército – foram procurados por um personagem (''uma figura clássica, que atuava nos bastidores políticos'') com uma conversa estranha (...).[8] Discutiu, inclusive, a conveniência do afastamento do presidente pelos militares, da posse do vice-presidente'' (...). Não houve proposta concreta, mas, no fundo, ficou a suspeita de que havia alguma intenção não muito pura[9]."

O ex-ministro da Marinha, por sua vez, relata que foi procurado em casa pela ministra da Economia Zélia Cardoso de Mello, ainda em 1991, tendo ela se queixado da dificuldade de relacionamento com o Congresso. ''Fiquei preocupado, mas observei-lhe tratar-se de assunto fora da minha alçada[10].''

César Flores teria sido procurado também por Ulysses Guimarães. O deputado lhe disse "que não tinha certeza se a Câmara aprovaria a autorização – para o Senado iniciar o processo de *impeachment* – e quis saber como ficaria a situação." ''O presidente continua presidente'', respondeu o ministro César Flores. Ulysses insistiu: ''E o povo, como fica?''

''Eu respondi que quem representava o povo eram os deputados, e que se os deputados achassem que não deviam conceder a licença, não me cabia nada a respeito[11].''

Já nessa época o foco central da atuação dos militares começava a deixar de ser os movimentos visando o poder político, e se deslocava preferencialmente para o combate à criminalidade e a repressão aos movimentos reivindicatórios.

Entre 1994 e 2004, além do Distrito Federal, dez estados da federação foram "visitados" por tropas militares.[12] Os motivos foram os mais diversos: greves de policiais militares; destruição de plantações de maconha; proteção da fazenda utilizada pelo presidente Fernando Henrique Cardoso, contra invasão pelo Movimento dos Trabalhadores Rurais Sem Terra; retomada da sede da Companhia Vale do Rio Doce, no sul do Pará, ocupada por garimpeiros.

Isso não ocorre por acaso. Aos poucos as Forças Armadas brasileiras estão sendo amoldadas aos interesses das grandes potências, transformando-se em instituição policial. Após anos de resistência, entraram, oficialmente, na repressão ao tráfico de drogas e ao contrabando.

O que não foi possível no Império, graças à resistência dos oficiais, está sendo conseguido na República, com o beneplácito dos generais: transformar os militares em uma versão atualizada de capitães-do-mato.

DISCIPLINA: A BUSCA DA HARMONIA
ENTRE DIREITOS E DEVERES

Os problemas que perturbam os militares não se resumem àqueles criados pelas vivandeiras. Ainda que não provoquem grande eco na sociedade civil, pelo menos até que se transformem em crises, outras questões causam preocupações, em parte pela falta de habilidade dos agentes envolvidos.

Aproveitando a normalidade jurídica estabelecida pela Constituição de 1988, as praças das Forças Armadas começaram a se organizar em associações para a defesa dos interesses da categoria. Os movimentos ganharam mais intensidade na Marinha e no Exército.

A partir de 2003, por iniciativa individual ou através dessas associações, as praças passaram a bater às portas do Judiciário com mais freqüência para reivindicar, principalmente, proteção contra as punições disciplinares. Não são poucas as liminares e mesmo sentenças de mérito concedidas nesses casos. As decisões da Justiça, em grande parte contrárias aos pontos de vista dos chefes militares, são encaradas por eles como fator de desestabilização da hierarquia e da disciplina. Ou seja, um suposto abalo na principal base de sustentação das organizações militares.

Mas em que consiste afinal esse binômio – hierarquia e disciplina – muito falado e nem sempre compreendido?[13]

Certamente a abordagem de qualquer tema que fale de perto à vida na caserna envolve, em princípio, certo grau de dificuldade, em razão das próprias e compreensíveis reservas com que são tratados os assuntos vividos além do Corpo da Guarda.

Tais dificuldades são encontradas não apenas quando se trata das questões especializadas, ligadas à atividade-fim das Forças Armadas. Mesmo a rotina administrativa, as funções de apoio, enfim, a Administração Militar em si, não fogem àquela marca de discrição que devem guardar os militares, individualmente ou em grupo.

De maior complexidade ainda é o enfoque das questões ligadas às duas referidas vigas mestras das Instituições Militares.

Esses dois elementos de sustentação da estrutura militar, quando atingidos, por menor que seja o dano sofrido, provocam o desencadeamento de todo um mecanismo de autodefesa, que se consubstancia no Poder Punitivo, quer seja penal, quer seja disciplinar.

Entre os militares, o reconhecimento da necessidade dessa pronta-resposta na repressão aos atos ofensivos à hierarquia e à disciplina é praticamente unânime.

Reconheça-se, no entanto, que as relações internas nas corporações militares não têm merecido a atenção dos administrativistas. Enquanto as luzes são abundantes sobre as questões de direito disciplinar na esfera do funcionalismo civil, o servidor fardado continua esquecido dos estudiosos, como se não pertencesse ao mesmo ordenamento jurídico.

Alguns, menos atentos, supõem mesmo que as peculiaridades da vida castrense se constituam em incompatibilidade com o mundo jurídico.

O estudo do Direito Militar no campo penal também permanece virtualmente esquecido. Poucos são os juristas que se dedicam a esse ramo especial do Direito Penal e escassas, por isso mesmo, as obras especializadas nessa área, observação sempre repetida pelos que se aventuram a escrever sobre a matéria.

A palavra hierarquia vem do grego *ierarkia*, de *ieros* – sagrado – e *arkhia* – governo –, designando, sob o aspecto religioso, a autoridade suprema do grande sacerdote. Em sentido amplo, hierarquia representa o poder maior ou a autoridade proeminente.[14]

No sentido militar, "é ordem disciplinar que se estabelece no exército, decorrente da subordinação e obediência em que se encontram aqueles que ocupam postos ou posições inferiores em relação aos de categoria mais elevada", constituindo-se em "princípio fundamental à vida da instituição[15]."

Segundo o Estatuto dos Militares, "a hierarquia militar é a ordenação da autoridade em níveis diferentes, dentro da estrutura das Forças Armadas[16]."

Institucionalmente vinculada à hierarquia, a disciplina se constitui em condição necessária ao perfeito funcionamento da organização militar.

De origem puramente latina, a palavra disciplina designa "a regra ou conjunto de regras, impostas nas diversas instituições ou corporações como norma de conduta das pessoas que a ela pertencem", mantendo-as submissas a essas regras.[17]

Tal entendimento, no entanto, pode ser considerado, e o é, por alguns autores, muito restrito, sem definir realmente a essência do conceito. Há até mesmo quem jogue a discussão para a estratosfera e lance a pergunta: "Será que a disciplina não pode ser definida?[18]"

Após dedicar 13 páginas ao verbete disciplina, D. José Almirante não se aventurou a dar uma definição para o que chamou de "poder invisível", um "vírus impalpável, que assim como dá vigor aos exércitos, os deixa enfermos e mata com sua ausência[19]."

E a quem interessa mais a manutenção da disciplina? Essa é uma pergunta que não pode ficar no ar. Ela interessa, no caso, ao Estado, pois diz-se que o moral elevado e a disciplina andam de mãos dadas e um exército onde o moral titubeia está fadado à derrota. [20]

"Em todos os tempos, em todos os povos, desde Roma e Bizancio, no momento em que a disciplina se enfraqueceu, o exército e a nação estão feridos de morte; ao passo que por mais infortúnios, por mais derrotas, por mais desastres que ambos sofram, não há que desesperar da salvação e da vitória se a disciplina permanece em pé[21]."

No entanto, a conservação da disciplina interessa talvez mais ao soldado, individualmente considerado, por sua comodidade particular, que ao Estado, por muito que ganhe com ela. A exata observância da disciplina daria ao soldado a certeza de que, todos cumprindo seus deveres, a justiça e a imparcialidade se farão sentir com todo seu vigor. Do mesmo modo, exigido o cumprimento dos deveres não será privado de nenhum dos direitos.

Não são, portanto, incompatíveis os dois binômios hierarquia e disciplina e Justiça e Direito. Um entendimento que, embora não tenha alcançado o consenso que devia ter, ganha, vez por outra, adesões importantes.

"O Exército é uma organização permanente baseada na hierarquia e na disciplina, porém, mesmo assim, a Justiça e o Direito devem imperar em nossa organização, porque em caso contrário seria o império do arbítrio que fatalmente nos levaria à dissolução[22]."

Filosofia e, também, poesia fazem parte da composição do conceito de disciplina. O grego Homero, retratando a imagem da alma grega, se referia ao silêncio e à imobilidade em forma como sinal de obediência e respeito.[23]

Autores há, todavia, que não atentam para a disparidade entre os tempos das legiões gregas e romanas, admiradas por sua imortal disciplina e os exércitos da era moderna.

No decorrer dos séculos, a antiga disciplina foi perdendo o significado de ciência e arte da guerra para se restringir, em inúmeros casos, à idéia de repressão arbitrária, às vezes brutal, conformando-se finalmente à acepção puramente penal.

> "A finalidade da disciplina, que na grande civilização grega era a ordem da sociedade da razão, passou a ser, na civilização moderna, a força capaz de esmagar o homem para enquadrá-lo na massa[24]."

Pelos diferentes modos como foi e vem sendo conceituada

> "esta palavra, capital na milícia, sempre requereu cuidadosa definição; porque envolve idéias muito complexas, parecendo por vezes contraditórias ou incompatíveis, e ao mesmo tempo simultâneas e correlatas de deveres e direitos, de estímulo e desalento, de ímpeto e repressão, de orgulho e modéstia, de prêmio e castigo[25]."

Assim, consideradas a distância histórica e as peculiaridades de cada época, a definição de disciplina não pode ficar presa aos conceitos que informavam as legiões gregas e romanas. Mesmo em se tratando de exércitos contemporâneos, desde que distantes em termos de concepção ideológica, ou ainda em diferentes momentos históricos. Exemplo disso foram as transformações introduzidas em 1917 no exército soviético em curtíssimo espaço de tempo.

Logo após a conquista do poder pelos comunistas, o exército soviético foi reestruturado a partir das bases e pelo princípio da disciplina e respeito mútuo e foram abolidos os postos militares e os títulos.[26] Menos de um ano depois foi restabelecida a disciplina nos moldes tradicionais.[27]

O fim do salazarismo em Portugal também provocou mudanças estruturais no sistema disciplinar das Forças Armadas portuguesas.[28]

A disciplina militar, nos termos do regulamento anterior, era "o laço moral (...) entre os diversos graus da hierarquia militar;" a partir "da dedicação pelo dever e (...) na estrita e pontual observância das leis e regulamentos militares[29]."

Em 10 de abril de 1977, veio o novo Regulamento Disciplinar Militar, com o conceito de disciplina não mais vinculado expressamente ao aspecto moral, mas ainda com relevância para a obediência.[30]

A França apresenta um ângulo significativo quando realça a necessidade de respeito aos direitos do soldado, ao afirmar que a disciplina militar é

> "fundada sobre o princípio da obediência às ordens. (...) repousa sobre a adesão consciente do cidadão que serve sob a bandeira e o respeito à sua dignidade e aos seus direitos[31]."

A adesão consciente de que trata o regulamento disciplinar francês encontra paralelo na idéia de autodisciplina preconizada para o exército alemão após a Segunda Guerra Mundial.

> "A disciplina militar nas forças armadas alemãs precisa basear-se no consentimento interior do soldado. (...) A condescendência voluntária, a autodisciplina e a obediência na consciência da responsabi-

lidade não podem ser impostas a um homem nem ser conseguidas pela punição[32]."

O fortalecimento da autodisciplina, por outro lado, implica deslocar para plano diverso a punição, que passa a ser considerada como "o último recurso em qualquer código disciplinar e só deve ser usada quando todos os outros processos tenham falhado (...)." [33] No momento em que o comandante precisa punir para fazer valer suas ordens, é sinal que a autoridade chegou ao limite.

Considerando o enfoque do Estatuto dos Militares no Brasil,

"disciplina é a rigorosa observância e o acatamento integral das leis, regulamentos, normas e disposições que fundamentam o organismo militar e coordenam seu funcionamento regular e harmônico, traduzindo-se pelo perfeito cumprimento do dever por parte de todos e de cada um (...)[34]."

O dispositivo estatutário abrange todos os componentes do organismo militar, do soldado ao general. Assim, não só a autoridade, mas também a responsabilidade cresce com o grau hierárquico.

A doutrina militar brasileira não se manteve alheia à chamada disciplina consciente, ao considerar como uma das manifestações essenciais "a colaboração espontânea para disciplina coletiva e a eficiência da instituição[35]."

O Regulamento Disciplinar do Exército de 1936 dava maior destaque à autodisciplina como manifestação da perfeita disciplina. Realçava ser preciso

"ter sempre presente que a disciplina não consiste, apenas, em seus sinais exteriores, que somente têm valor como expressão dos sentimentos de quem os pratica.

> Ela só é real e proveitosa quando inspirada pelo sentimento do dever, produzida por cooperação espontânea e não pelo receio dos castigos[36]."

A disciplina militar guarda estreita relação com o desenvolvimento da sociedade. Desde os egípcios e romanos até hoje, observa-se que ela é conseqüência direta e imediata da disciplina social.

A importância da disciplina para os romanos pode ser avaliada no episódio narrado por um dos poucos a escrever sob esse enfoque.[37] Conta Chrysolito de Gusmão que, com os samnites às portas de Roma, Papirius ordenou a Fabius Rullianus que não travasse combate até que nova consulta fosse feita aos deuses. Em certo momento, percebendo fragilidade na linha de defesa dos samnites, Fabius atacou e os venceu por completo. Foi o que bastou para que Papirius voltasse ao campo de batalha e ordenasse que ao vitorioso fosse cominada a pena de fustigação, dizendo:

> "Eu quero saber de ti, Fabius, já que a ditadura é o poder supremo (...) se tu acreditas justo ou não que um mestre de cavalaria se submeta às suas ordens. Eu te pergunto ainda se convencido que eu era da incerteza dos auspícios, eu devia entregar ao acaso a saúde do Estado. (...) Eu te pergunto, enfim, se quando um escrúpulo de religião impedia o ditador de agir, o mestre de cavalaria podia a isso se furtar."

Antes da execução da pena, Fabius fugiu para Roma e no Senado criticou o rigor de Papirius, argumentando que graças à vitória alcançada estavam ali reunidos, atraindo assim a simpatia de todos. Papirius, irredutível, inspirado na legendária eloqüência romana, deixou os tribunos diante de um dilema:

> "Tudo se liga: a disciplina da família, da cidade e do campo; quereis, vós, tribunos, ser responsáveis ante a posteridade pelas desgraças que decorrerão do atentado praticado aos preceitos de nossos avós? Então, entregai vossas cabeças ao opróbrio para resgatar a falta de Fabius."

A alternativa que restou a Fabius foi, de joelhos, implorar perdão e Papirius concluiu:

> "Está bem, a disciplina militar e a majestade do comando, que pareciam hoje perto de perecer, têm triunfado. Fabius não é absolvido de sua falta; ele deve seu perdão ao povo romano, ao poder tribunício, que tem pedido graça e não justiça!"

Chrysólito de Gusmão identifica, também, as duas fases da disciplina – a mecânica e a orgânica – justificadas pela evolução da tática que, já no início do século XX, emprega nos combates frações de tropa muitas vezes isoladas em território inimigo.

> "A esses elementos individualizados, aos quais uma soma imensa de superiores qualidades de equilíbrio moral e intelectual é exigida, certo que outra e muito diferente tem que ser a disciplina a lhes incutir[38]."

A ESPADA E A TOGA

A idéia de que "roupa suja se lava em casa" e de que os superiores hierárquicos reúnem todas as condições para resolver os problemas *interna corporis* é antiga. Até mesmo compreensível, desde que em outro contexto histórico que não o dos exércitos modernos.

A figura do oficial como julgador dos atos e protetor dos direitos das praças tem no Brasil raízes históricas e não apenas nos conceitos de hierarquia e disciplina comuns a todos os exércitos.

Uma Ordem do Dia de 1898, do Exército, demonstrava a responsabilidade que recaía sobre os oficiais quando se tratava da proteção às praças, mesmo nas questões de natureza civil:[39]

> "Cabendo às praças de *prét* a proteção e amparo da administração do exército (...); sendo desagradável ver comparecer perante a barra do Tribunal, (...) um defensor da Pátria e ouvi-lo declarar aos seus juízes que não tem quem o ampare e defenda (...); recomenda-se instantemente a observância do que dispõe (...) o regulamento (...) que considera a companhia como uma família, cujo chefe é o capitão, a quem cabe exigir o dever, a obediência e atenção e também amparar e proteger a cada um dos seus comandados[40]."

Com a reorganização do Exército na Guerra do Paraguai, quando Caxias assumiu o comando, ficou nítida a influência da dimensão escravagista da época e a evidente diferenciação de dois grupos: cidadãos livres e escravos.[41]

> "Os recrutados eram obtidos junto aos elementos desqualificados (como tais definidos pela ordem e pelo pensamento dominantes vigentes) da população: desocupados, vagabundos e malandros[42]."

A realidade no campo de batalha trouxe à tona vários problemas que não passaram sem registro. Em correspondência dirigida ao ministro da Guerra, em 1868, Caxias alertou que:

> "(...) por um concurso de circunstâncias deploráveis, o nosso Exército contava sempre em suas fileiras grandes maiorias de homens que a sociedade repudiava por suas péssimas qualidades (...) chegando a tal ponto o seu estado atual, que já se encontra suma dificuldade de se acharem praças, que possam ser Cabos e Sargentos[43]."

Caxias acreditava ser preciso "inculcar nesses elementos não os valores da cidadania e da igualdade, e sim da obediência característica do bom escravo[44]."

O soldo devido aos soldados era usado como instrumento para manter a disciplina. Caxias defendia o atraso no pagamento por até três meses,

> "(...) não só para evitar os males, que a experiência demonstra que se dão sempre que o soldado está pago em dia (...) como porque a Fazenda lucra com ele, pois que

> revertem sempre aos seus cofres somas consideráveis provenientes do falecimento por moléstia, ou em combate de muitas praças do Exército, sem família, ou herdeiros (...)⁴⁵"

As condecorações por atos de bravura também mereciam atenção, pelos reflexos que provocariam no comportamento dos agraciados:

> "(...) gravíssimos são os inconvenientes, (...) de se conferir às praças de *prét* condecorações, a que estão inerentes honras militares. A disciplina e a subordinação, (...) se ressentem e sofrem profundos golpes (...)⁴⁶."

A solução, em nome da disciplina – ainda segundo Caxias –, era dar baixa àqueles que fossem condecorados.⁴⁷

Em verdade, as dicotomias senhor x escravo e tutor x tutelado são historicamente confundidas por alguns com superior x subordinado.

Esse pensamento ainda impregnava a caserna um século mais tarde, como se identifica nas palavras do general Olympio Mourão Filho ao tratar da eleição de praças – sargentos, no caso – para cargos políticos:⁴⁸

> "Está claríssimo que, ou Sargento deve ser formado no Corpo de Tropa, Sargentão rude e pouco instruído, mas incapaz de se considerar em condições de se meter em política e impossibilidade de ter articulação em âmbito nacional, (...) o melhor é optar pelo Sargento rude, que se julga muito honrado de ostentar uma divisa no braço e tem verdadeiro amor ao Corpo de Tropa, onde foi feito e ficará até atingir a Reserva⁴⁹."

Para Mourão Filho, nos anos 1960, a Escola de Sargentos das Armas devia ser fechada porque seria "um centro de formação de futuros subversivos", estimulador do que ele identificava como luta de classes – oficiais e sargentos.[50]

Na medida em que a figura do oficial como *pater família*, que punia, mas também protegia, foi perdendo a imagem de protetor, a atuação meramente punitiva se destacou e assim o exercício da autoridade passou a ser visto pelos subordinados.

Quando se tratava de disciplina, a palavra do oficial era um dogma e o regulamento fulminava possíveis resistências:

> "A parte dada por oficial contra qualquer subordinado, relativa à infração da disciplina, será recebida pelo superior como expressão da verdade (...)[51]."

A hierarquização da verdade devia-se à presunção de veracidade atribuída à palavra empenhada pelo oficial, entendimento que tem origens remotas na tradição castrense. Tal interpretação era sustentada pelos regulamentos disciplinares como "conseqüência mesmo da própria situação dos oficiais, dos seus compromissos de honra para com o Exército e a Nação, de suas pesadas responsabilidades[52]."

Nas relações entre oficiais e praças, verdade e honra eram propriedade dos oficiais.

A partir de 1977 os regulamentos não mais fizeram referência à presunção de verdade. Mas as dificuldades impostas para a elaboração e encaminhamento dos recursos disciplinares – que não poucas vezes implicavam mais uma punição – levaram à busca de alternativa mais rápida e eficaz, fora do âmbito da administração.

Nos anos que se seguiram à Constituição de 1988, cresceu o número de ações judiciais discutindo a legalidade de atos administrativos punitivos.

Em meados de 1994 o assunto preocupava os altos escalões do Exército. Diversas medidas foram adotadas para enfrentar o problema, em razão do elevado número de ações judiciais em tramitação nas Varas Federais em todo o País.[53]

O tema foi abordado nos meios militares cinco anos depois no Informativo do Exército, diante do

> "aumento do número de decisões judiciais anulando sanções disciplinares aplicadas no âmbito da Força, principalmente licenciamentos e exclusões a bem da disciplina, sob a alegação de que aos sancionados não se concedeu a oportunidade do contraditório e da ampla defesa[54]."

Em 2002 a situação parecia ter chegado ao limite quando as ações em andamento atingiram 14.500. O comandante do Exército alertou o ministro da Defesa e criticou a interferência dos juízes federais na administração militar.

Em expediente encaminhado ao Ministério da Defesa, o comandante do Exército ataca a febre e não a infecção:

> "(...) a preocupação deste Comando quanto ao emprego prematuro da solução judicial, prende-se também a repercussões, já verificadas, como a criação de associações de militares, particularmente de praças[55]."

Faz lembrar as palavras do embaixador da Espanha, insatisfeito com a decisão da justiça norte-americana de libertar os escravos presos após se apoderarem do navio 'Amistad': "Se não se pode governar os tribunais, não se pode governar[56]."

Enquanto nos documentos oficiais a linguagem é amena, a reação na prática interna é vigorosa. Afasta-se a mão amiga e cai sobre as praças o braço forte dos regulamentos.

Um expressivo exemplo ocorreu com o Subtenente Edmundo Veloso de Lima, com mais de vinte anos de serviço. Por conta da atuação como vice-presidente da Associação de Praças do Exército Brasileiro, foi indiciado em Inquérito Policial Militar, submetido a um Conselho e, em nome da disciplina, excluído do Exército.[57]

A Marinha segue o mesmo ritmo. Dois advogados e todos os dirigentes da Associação Beneficente, Religiosa, Cultural e Esportiva dos Militares da Armada e Forças Auxiliares (ABEMAFA) – classificada como "associação criminosa institucionalizada" pelo oficial encarregado da investigação – foram indiciados em IPM, que acenou até para a hipótese do crime de motim.[58]

O alvo visado pelas autoridades foi identificado pelo Juiz-Auditor da Justiça Militar, em Manaus, que rejeitou a denúncia oferecida contra os militares fundadores da associação e os advogados que atuavam em nome da entidade:

> "Os autos estão a indicar que o cerne da questão envolve uma pessoa jurídica de direito privado (ABEMAFA), legalmente constituída. (...) A atuação da mencionada entidade em defesa de seus associados, junto à Administração Naval, serviu também como parâmetro para indicar indícios da prática delituosa aos indiciados."

Mais uma vez a toga interferiu na vontade dos comandantes. Mas por pouco tempo. Acolhendo recurso da promotoria, o Superior Tribunal Militar mandou que a denúncia fosse recebida e o processo tivesse seguimento.

O Supremo Tribunal Federal acabou com a discussão judicial. Concedeu *habeas corpus* e livrou os acusados de responderem ao processo.[59]

Diante da decisão do Supremo, o comandante da Marinha manobrou com maestria. Determinou que todos os militares fossem submetidos a Conselho de Disciplina.

O passo inicial foi dado pela Marinha, ao manifestar preocupação com o desenvolvimento de processos interpostos por militares da ativa sócios da entidade.[60]

No julgamento a que foi submetido o cabo fuzileiro naval Vladimir Batista de Oliveira, um dos fundadores da ABEMAFA, o Conselho de Disciplina concluiu que os atos por ele praticados eram

> "incompatíveis com os preceitos éticos, a moral e o pundonor militar, enfatizados na insistência do acusado em permanecer filiado àquela associação, já que teve a oportunidade de ter se desfiliado da mesma quando soube das ações impetradas contra a Marinha (...)."

O reconhecimento por parte do próprio Conselho de que o cabo Vladimir tinha excelente folha de serviços não sensibilizou as autoridades e ele foi excluído.

> "O acusado possui um histórico militar (...) que o destaca entre seus pares. Em dezessete anos de carreira não sofreu qualquer punição disciplinar e sempre foi bem conceituado junto a seus superiores, como atestam as avaliações dadas por seus comandantes, que são em sua grande maioria excelentes."

A finalidade dos procedimentos – IPM e Conselhos de Disciplina – era a de inviabilizar o funcionamento das associações e quanto a isso não restam dúvidas. Nem que para isso tivessem que processar criminalmente seus fundadores, o que se mostrou inviável diante da posição do STF em favor das praças.

Compreende-se a inquietação dos chefes militares quando se defrontam com situação que, aos seus olhos, se traduz em grave perturbação da disciplina.

Não podem, porém, adiantar-se cautelarmente ao Poder Judiciário e, fazendo uso do poder hierárquico legalmente atribuído, constranger os associados para que se desliguem, de modo a tornar inviáveis as atividades associativas.

Essa indisfarçável atuação, sempre com a finalidade de atingir as entidades, resvala para o campo penal como forma de "abuso de autoridade."

"Constitui abuso de autoridade qualquer
atentado à liberdade de associação[61]."

As ações do Exército e da Marinha na questão das entidades de militares deixam à mostra o uso de dois pesos e duas medidas. As manifestações do Clube Naval, do Clube Militar e do Clube da Aeronáutica são freqüentes – segundo dizem, até estimuladas, em alguns casos – e pelo menos em passado recente não se tem notícia de que os dirigentes tenham respondido disciplinarmente. O mesmo não ocorre com as agremiações que congregam praças. Nessa seara, pelo visto, 'o pau que dá em Chico, não dá em Francisco'.

A partir de 1871, com a primeira tentativa de criação de uma associação de oficiais da Marinha, e principalmente após 1884, quando efetivamente foi criado o Clube Naval, não foram poucas as oportunidades em que aquela agremiação interferiu ativamente na vida política do país.[62]

Desde 26 de junho de 1887, quando foi fundado, o Clube Militar também tem tido presença constante e marcante no cenário político. As idéias que animaram seus fundadores não deixam dúvidas de que ali "seria plantada a bandeira do protesto, possivelmente da revolução, tudo dependendo das circunstâncias[63]."

Alternando períodos de maior ou menor atuação política visível, volta e meia o Clube Militar marca presença na discussão de temas que não se restringem às atividades sociais ou culturais. Algumas vezes até com certo tom de ameaça:

> "É preciso denunciar à Nação essa maléfica e bem orquestrada campanha contra as Forças Armadas, (...) no afã de afastá-las das grandes decisões políticas (...). Nosso silêncio não significa indiferença, acomodação ou concordância. (...) A estabilidade das nossas instituições, a história o comprova, sempre passou pelas Forças Armadas e assim continuará sendo[64]."

Por vezes a atuação é conjunta, como recomenda a boa estratégia militar, e a iniciativa é encampada pelos presidentes das três entidades de oficiais – Clube Naval, Clube Militar e Clube de Aeronáutica. Em 2003, em um encontro no Clube do Exército, em Brasília, o presidente Luiz Inácio Lula da Silva disse que "não adianta ter um bando de general e soldado sem pólvora." Foi o que bastou para que as três entidades dirigissem carta ao presidente da República, para expressar "repúdio às palavras proferidas" por Lula.[65]

Diz a Constituição que todos são iguais perante a lei, mas a sabedoria popular acrescenta que alguns são mais iguais. É o que parece acontecer quando as associações de praças se dirigem diretamente ao presidente da República.

Em 2002, um sargento, secretário-executivo de uma organização não-governamental, encaminhou expediente ao presidente da República fazendo comentários sobre o Regulamento Disciplinar do Exército.[66] A correspondência foi encaminhada pelo Ministério da Defesa ao Comando do Exército.

A resposta do Exército não foi das mais elegantes. O Ministério da Defesa foi informado que o sargento, "na qualidade de militar da ativa, dispõe dos canais de comando adequados para apresentar suas ponderações e sugestões (...)." O Exército considerou "conveniente não discutir a questão sob essas condições[67]." Traduzindo: numa clara manifestação de indisciplina, o Comando do Exército não tomou conhecimento do expediente encaminhado pelo Ministério da Defesa, órgão ao qual está diretamente subordinado.

A simples constatação do tratamento diferenciado que é dado às entidades de classe identifica apenas parte do problema e remete para questão mais abrangente. Afinal, os militares – oficiais ou praças, individualmente ou em associação – podem ou não manifestar publicamente suas opiniões?

Não faltam argumentos para afirmar que aos militares deve ser vedada a prática de certos atos. O Regulamento Disciplinar do Exército, por exemplo, proíbe a manifestação pública a respeito de assuntos de natureza político-partidária; a discussão, por qualquer veículo de comunicação, sobre assuntos políticos ou militares; a manifestação coletiva, inclusive as de caráter reivindicatório.

O Código Penal Militar não deixa por menos. É crime militar promover a reunião de militares, ou nela tomar parte, para discussão de ato de superior ou assunto atinente à disciplina militar. Também é crime criticar publicamente ato de superior ou assunto atinente à disciplina, ou a qualquer resolução de Governo.[68]

Para concluir pela restrição à manifestação de pensamento, o caminho é curto. A sociedade, diriam alguns, pode se sentir coagida diante daquele que fala trazendo o fuzil a tiracolo. O argumento é sedutor, sem dúvida, mas perigoso. Sabe-se que as palavras, em determinadas circunstâncias, podem causar efeitos mais devastadores do que um tiro de canhão. Mas nem por isso é aceitável a proibição prévia das manifestações de magistrados, jornalistas, e tantos outros.

Fica mais difícil optar pela restrição quando se observa que a Constituição proclama a liberdade de manifestação do pensamento, de reunião e de associação, não havendo qualquer referência no texto constitucional excluindo os militares.[69] Quando o legislador constituinte quis excepcionar os militares, o fez literalmente, como ao vedar a sindicalização, a greve e a filiação partidária.[70] E qualquer interpretação em sede dos direitos e garantias fundamentais deve ser ampliativa e não restritiva.

Importante lembrar que a Constituição de 1988 qualifica como crime inafiançável e imprescritível a ação de grupos armados – civis ou militares – contra a ordem constitucional e o Estado democrático, para desencorajar qualquer um que pretenda usar os canhões como argumento.[71]

Esse mecanismo de contenção derruba a única tese, plausível, mas subjetiva, a favor da proibição da livre manifestação do pensamento por parte dos militares. A sociedade que se sente insegura diante de opiniões emitidas por militares é porque não confia nas instituições e nos instrumentos existentes no ordenamento jurídico.

O rigor com que são tratados os integrantes das associações de praças mostra que a reação não visa a defender a disciplina, pois essa também é atingida quando a manifestação parte dos clubes de oficiais. A diferença é que as manifestações da oficialidade incomodam o governo, enquanto as críticas feitas pelas praças perturbam os comandantes.

A procura do Judiciário por militares, para anular punições disciplinares, passou a ser encarada como um problema pela administração militar. O golpe, no entanto, foi mais sentido quando as ações passaram a ser ajuizadas através das associações.

O cabo de guerra entre praças e comandantes apresenta, porém, um aspecto que se destaca. Não se identifica nas recém-criadas associações viés político como em épocas passadas, quando alguns movimentos tinham como meta a ocupação de espaços no cenário político. As reivindicações atuais se restringem à insatisfação com o que os graduados consideram excessos nas punições disciplinares; no tratamento que lhes é dispensado por alguns oficiais e na vontade de participar ativamente no encaminhamento de soluções para as demandas profissionais que lhes dizem respeito.

A diferença não está apenas no conteúdo, mas também no método. As ferramentas utilizadas são as mesmas permitidas e ao alcance do cidadão sem farda: Ministério Público e Judiciário.[72]

O acesso dos militares à Justiça tem evoluído rapidamente, em especial após 1988. Apesar de o Estatuto dos Militares ainda prever que o militar só poderá recorrer ao Judiciário depois de esgotados todos os recursos administrativos, esse dispositivo há muito não é observado.

A reação passou a ser concentrada no que os subordinados encaram, com certa razão, como retaliação. Transferências rotuladas como sendo no interesse do serviço; anotações negativas nas avaliações periódicas, etc.

O caminho alternativo foi o ingresso no Judiciário com o patrocínio de advogados das associações, o que implica menor custo e significativo apoio psicológico por parte das entidades.

O próximo passo poderá ser o ajuizamento de ações coletivas, ainda com respaldo na Constituição.[73]

A situação atual deveria ser interpretada como sinal positivo pelos altos escalões. Insatisfeitos – e não faltam razões –, os subordinados procuram o Judiciário como remédio, o que é saudável. O ideal é que não fosse necessário, mas a resistência em aceitar essa alternativa pode não deixar outro caminho legal. O exemplo da chamada Revolta da Chibata, quando marinheiros se levantaram contra a forma medieval como eram tratadas as questões disciplinares, é emblemático.[74]

A tendência de os militares procurarem a forma associativa para reivindicações de direitos não é novidade. No Velho Continente há 25 anos foi fundada a Organização Européia das Associações Militares – EUROMIL, que conta hoje "com cerca de 500.000 membros, pertencentes a 25 associações de 19 países europeus, que se estendem desde a Rússia até à Península Ibérica[75]."

Lá, como no Brasil, ainda existem pontos de resistência diante desse novo perfil de estrutura do poder decisório que não é bem aceito por aqueles que, historicamente, se acostumaram ao exercício do mando de forma total e rigidamente vertical. Na Espanha, por exemplo, o comandante da Força Aérea acionou a justiça militar contra 16 sargentos dirigentes de uma associação de controladores de vôo.[76] Apesar dos obstáculos, desde 1984 a EUROMIL atua com o *status* de observador na Assembléia Parlamentar da Organização do Tratado do Atlântico Norte – OTAN.

Ao que parece, no entanto, a insatisfação dos sargentos no Brasil sensibilizou a cúpula militar, pelo menos no Exército. Um estudo atribuído ao Comando do Exército sobre a "Valorização do Subtenente e do Sargento" arrola uma série de ações a serem adotadas para valorizar os graduados, abrangendo o problema da moradia, fluxo da carreira, concessão de honrarias, etc.[77]

O levantamento realizado demonstra que o quadro pintado pelo general Olympio Mourão Filho, nos anos 1960, do "sargentão rude e pouco instruído", foi ultrapassado pela realidade, com o aumento significativo do nível de escolaridade dos sargentos.

Para um outro general, Jair Dantas Ribeiro, contemporâneo do general Mourão Filho, sargentos formados pela Escola de Sargentos das Armas (ESA) eram "mais cultos do que muitos oficiais[78]." Se a expressão – cultos – utilizada pelo general puder ser entendida como escolaridade, fica evidente que Dantas Ribeiro cometeu um equívoco no tempo, mas acertou em cheio na previsão.[79]

Em 2003, a ESA tinha no corpo de alunos 110 deles com o 3º grau incompleto, 722 com o 2º grau completo e 28 com o 2º grau incompleto. Possuidores apenas do 1º grau – exigência mínima para os candidatos –, somente 33 alunos.[80]

Em relação aos graduados em serviço ativo, os números são bem mais significativos. Em 2004, 17% freqüentavam curso superior; 19% já haviam concluído e 0,5% já eram pós-graduados. O ensino médio já havia sido completado por 48%, enquanto 12% cursavam esse nível. Estacionados no ensino fundamental, apenas 3,5%.[81]

A comparação entre o efetivo de militares de carreira no Exército em serviço ativo, no ano de 2004, e o nível de escolaridade das praças insinua que grande parte dos litígios não resolvidos na instância administrativa pode estar sendo influenciada também pelo nível de escolaridade alcançado pelos sargentos.

Comparativo de Escolaridade em 2004

Tenentes e Capitães oriundos da AMAN	Subtenente/Sgt com pós-graduação, 3º grau completo ou cursando
6.570 (*)	13.000 (*)

(*) Valores aproximados

A partir da constatação de que para cada oficial – tenente/capitão – existem dois sargentos freqüentando ou já possuidores de curso superior, é possível entender uma das queixas identificadas no diagnóstico elaborado pelo Comando do Exército: a insatisfação dos sargentos diante da dificuldade de relacionamento nos quartéis entre as praças e os oficiais mais jovens.[82]

Também merece reflexão o conteúdo da formação acadêmica de cada um dos segmentos – oficiais e sargentos.

Ao concluir o curso na Academia Militar das Agulhas Negras (AMAN), após quatro anos de estudos, o oficial é graduado bacharel em Ciências Militares.[83] Além dos conhecimentos da arte da guerra, agrega um atributo considerado indispensável: o "espírito militar."

Segundo Celso Castro, sob regime de internato durante os quatro anos – ou até mais se oriundo da Escola Preparatória –, "o cadete vive um processo de socialização profissional durante o qual deve aprender os valores, atitudes e comportamentos apropriados à vida militar[84]."

Na tropa o oficial encontra um número maior de sargentos com curso superior, grande parte da área das ciências sociais e humanas, egressos das faculdades públicas e privadas.[85]

O ambiente acadêmico em que são formados os dois grupos é inteiramente diferente. Os oficiais, sob regime disciplinar rígido durante praticamente as 24 horas do dia, têm contatos fora dos portões da AMAN apenas nos licenciamentos de fim de semana. Os sargentos, por outro lado, salvo quando estão de serviço e pernoitam no quartel, mantêm contato diário com o chamado mundo dos paisanos.

Oficiais têm como foco prioritário o aprendizado e ao seu redor uma atmosfera permanentemente voltada para a obediência. Os sargentos respiram o ar da liberdade que estimula a pesquisa, a controvérsia e o diálogo.

São bastante conhecidos na tropa os jargões: "Ordem dada é ordem executada" e "Primeiro cumpre e depois pondera." O confronto de idéias, em princípio, é inaceitável.

Para compensar – como se fosse a melhor alternativa – os oficiais têm às mãos o regulamento disciplinar que supera qualquer divergência entre superior e subordinado. Quando vencidos pelo argumento, apelam para o regulamento. A rima é perfeita, mas a solução é desastrosa.

> "Ao jovem recruta, (...) mostrava-se simultaneamente a bandeira nacional e as grades do xadrez[86]."

Indiscutivelmente, os quadros do Exército vêm passando por transformações ao longo do tempo, com o aumento progressivo do nível intelectual da tropa. Uma das causas foi e continuará sendo a modernização do material de emprego militar que, por si só, exige maior qualificação. Isso obrigou a uma seleção mais rigorosa e, segundo Alfred Stepan, "ante a alternativa de ter que educar campesinos analfabetos ou incorporar às fileiras homens já capacitados, o exército brasileiro opta por esta última possibilidade[87]."

Maior qualificação, por outro lado, gera outro problema para a administração: a saída prematura de militares de carreira em busca de atividades civis.

A evasão, não apenas no Exército, provocou mudança no Estatuto dos Militares. A partir de 1996, o oficial, ao assumir cargo ou emprego público permanente estranho à carreira, passou a ser demitido *ex officio* e transferido para a reserva não-remunerada. Pela regra anterior, passava à reserva remunerada, com vencimentos proporcionais ao tempo de serviço.[88] A solução não foi suficiente para fechar a porta de saída. Em 2004, 316 militares abandonaram a carreira – 256 da Marinha, 53 do Exército e 7 da Aeronáutica.[89]

O fenômeno atinge praças e oficiais formados nas academias militares. O problema a ser enfrentado pelos escalões superiores se manifesta pela resistência ao tratamento disciplinar, com a procura junto ao Judiciário para reparação, e pela evasão daqueles que conseguem êxito no mercado de trabalho civil, público ou privado.

Novembro de 2004, na Escola de Aperfeiçoamento de Oficiais, foi marcado por atos de vandalismos. Meia centena de oficiais, logo após a formatura de encerramento do ano letivo e ainda com o uniforme de gala, depredou o alojamento do curso de Infantaria. Tais atos apontam para a necessidade de estudos sobre os verdadeiros motivos que teriam levado dezenas de capitães, com mais de dez anos de serviço, a se comportarem como se fossem adolescentes infratores.[90]

A insatisfação, tangenciando a revolta, é visível e os fatores indutores do processo precisam ser analisados. Entre eles, a frustração com o próprio "sistema" vigente na caserna. É preciso esclarecer se o descontentamento estava restrito àqueles que participaram do quebra-quebra enquanto os demais, ainda que imbuídos do mesmo sentimento, preferiram o silêncio, provavelmente para não terem prejuízo no decorrer da carreira.

A preocupação com o desenvolvimento profissional pode explicar a omissão de alguns oficiais diante de situações com as quais não concordam. Um estudo realizado por especialistas, nos Estados Unidos da América, identificou a condescendência unânime por parte de oficiais superiores para os desvios de conduta praticados pelos norte-americanos na guerra do Vietnam.[91]

> "Parece claro que a exagerada ênfase na carreira, ao extremo de aceitar quase todas as decisões sem oposição, só pode produzir-se em uma estrutura militar que não tenha conseguido elaborar uma doutrina ética de resistência[92]."

No Brasil, a evasão de vários tenentes e capitães para atividades civis, mesmo com salário inferior, reforça o entendimento de que a carreira funciona como elemento de contenção nas camadas superiores da hierarquia.[93]

Esse comportamento pode estar sendo incentivado também pelo sistema de promoções, na medida em que substitui o critério meritocrático pelo político.

Ao tempo do Império, a Coroa detinha o monopólio de distribuição das patentes militares e a progressão na carreira estava condicionada ao bom relacionamento do oficial com a Corte.[94] Na República, a atribuição de promover oficiais-generais é do presidente, a partir de uma Lista de Escolha elaborada pelo Alto Comando de cada Força.[95]

O sentimento generalizado é que o último posto da carreira militar é o de coronel – ou seu correspondente na Marinha, capitão-de-mar e guerra –, uma vez que a ascensão ao restrito quadro de oficiais-generais está subordinada ao critério político. O oficial que não rezar pela cartilha dos integrantes do Alto Comando – que elabora a Lista de Escolha – certamente não chega ao generalato.

REGULAMENTOS À MARGEM DA LEI

Não há como negar que uma das dificuldades enfrentadas pelos altos escalões militares está no fato de os subordinados acionarem o Poder Judiciário para discutir as decisões internas que entendem ilegais, apesar de ser esse o mecanismo adequado e constitucionalmente oferecido ao cidadão para decidir os conflitos de interesse.

A primeira medida adotada pelo Exército para reduzir os revezes que se multiplicavam nas varas federais foram as Instruções Gerais para Elaboração de Sindicâncias, em 2000. O contraditório e a ampla defesa foram instituídos expressamente. [96]

Princípio de Direito Natural e essência do Estado de Direito, o direito de defesa não poderia continuar ausente entre as garantias ao alcance dos militares.

Dois anos depois veio um novo regulamento disciplinar, em uma iniciativa no mínimo temerária, pois, ainda que recomende o respeito aos direitos dos militares, passou a ter a constitucionalidade discutida. [97]

Apesar das boas intenções, já nasceu ilegal. Menos mau se continuasse a sistemática anterior, que trouxe saudáveis e profundas inovações ao regulamentar os procedimentos a serem seguidos para aplicação de punições com a exigência de respeito aos princípios constitucionais.

O novo RDE seguiu a mesma linha dos antecessores e foi adotado através de decreto do Poder Executivo. Isso num momento em que cada vez mais os militares punidos disciplinarmente procuravam o Judiciário, estimulados pelos novos ventos que sopraram a partir da Constituição de 1988.

Ainda que tenha sido instituído exatamente para garantir a legalidade na aplicação de sanções disciplinares, em verdade, assim como os anteriores – inclusive o da Marinha e o da Aeronáutica – padece do vício de competência.

Problema semelhante ocorre com o decreto que trata do Conselho de Disciplina, colegiado administrativo que julga as praças com estabilidade assegurada para efeito de exclusão a bem da disciplina.[98]

Para os oficiais o assunto é regulado por lei.[99] É inexplicável que oficiais e praças tenham tratamento diferenciado na elaboração de normas em tudo semelhantes. Verdadeiro *capitis diminutio* criticável sob vários aspectos, inclusive frente ao ordenamento constitucional.

Ao ser assinado o Decreto nº 71.500, em 1972, a Constituição então vigente já atribuía competência ao Congresso Nacional para legislar sobre o regime jurídico dos servidores públicos, aí incluídos os militares.

A matéria tratada no decreto que instituiu o Conselho de Disciplina, tanto quanto o que trouxe o RDE, em 2002, faz parte do regime disciplinar dos militares. E esse é parte integrante do regime jurídico da categoria.

Argumentam alguns, talvez para fugir ao debate, que os regulamentos disciplinares instituídos na vigência das constituições anteriores, também via decreto, foram recepcionados pela nova Carta.

Errado. Sempre foi competência do Congresso Nacional legislar sobre o regime jurídico dos servidores públicos, aí incluídos os militares, e o que era ilegal antes continuou ilegal após 1988. Historicamente, no entanto, esse problema foi esquecido por juristas e legisladores.

Sustentam outros, também sem razão, que o Estatuto dos Militares delegou ao Executivo a atribuição de instituir por decreto os regulamentos disciplinares, apesar de não haver qualquer referência, implícita ou explícita, a uma delegação legislativa.[100]

Esse argumento deve ser afastado de imediato, uma vez que o instituto da delegação legislativa é tratado de modo bem claro na Constituição. O presidente da República solicita a delegação ao Congresso Nacional, que, por meio de resolução, especifica o conteúdo e os termos em que deve ser exercida.[101]

O regime disciplinar dos militares faz parte do regime jurídico da categoria e somente por meio de lei tem validade. Cabe ao Congresso Nacional dispor sobre todas as matérias de competência da União, especialmente sobre organização administrativa, aí incluído o regime jurídico dos militares.[102]

Quando a Constituição diz que compete privativamente ao presidente da República dispor sobre a organização e o funcionamento da administração federal, na forma da lei, indica o caminho a seguir ao atribuir privativamente ao chefe do Poder Executivo a iniciativa dessas leis. Um salutar exemplo do sistema de freios e contrapesos.[103] Assim, apenas o presidente da República tem competência para apresentar projeto de lei dispondo sobre o regime disciplinar dos militares.

Argumentam alguns que estaríamos diante da discutida figura do regulamento autônomo, aceito quando a ausência de lei a respeito de determinado assunto impede o bom funcionamento da Administração. A omissão do Poder Legislativo em legislar a respeito de tema de interesse direto da Administração justificaria a utilização do regulamento autônomo por parte do Poder Executivo.

Impossível, no entanto, imputar ao Poder Legislativo omissão sobre o regime disciplinar dos militares, uma vez que a iniciativa de lei a esse respeito é reservada privativamente ao presidente da República.

Diante da inércia do Poder Executivo, fica o Congresso Nacional impedido de votar regulamento disciplinar para as Forças Armadas e não pode o Executivo utilizar uma "delegação" que não recebeu. A questão se resume ao princípio da legalidade inscrito na Constituição e segundo o qual "ninguém será obrigado a fazer ou deixar de fazer alguma coisa senão em virtude de lei[104]."

Não é apenas quanto à competência que o novo regulamento é vulnerável, assim como os antecessores.

Entre as inúmeras questões controvertidas enfrentadas pelo constituinte de 1988, o título que trata dos direitos e garantias fundamentais teve posição destacada. Com relação ao tema aqui tratado, o inciso LXI trouxe profundas modificações em relação ao sistema constitucional anterior.

O mencionado inciso passou a dispor sobre a prisão independentemente do flagrante delito da seguinte forma:

> "LXI – ninguém será preso senão em flagrante delito ou por ordem escrita e fundamentada de autoridade judiciária competente, salvo nos casos de transgressão militar ou crime propriamente militar, definidos em lei."

Decidiu o constituinte que no âmbito do direito disciplinar militar deveriam permanecer as penas disciplinares restritivas da liberdade e excepcionou aquelas situações que deveriam ficar sem a proteção da primeira parte do texto.

"Salvo nos casos de transgressão militar ou crime propriamente militar, definidos em lei", diz a parte final do inciso mencionado.[105]

É preciso atentar para o fato de que transgressão militar e crime propriamente militar aparecem no singular, devendo ambos – a transgressão militar e o crime propriamente militar – serem definidos (no plural) em lei.

Sabendo-se que "as normas definidoras dos direitos e garantias fundamentais têm aplicação imediata", a ressalva quanto às transgressões militares e os crimes propriamente militares, por ser limitadora daquele mesmo direito fundamental, tem sua eficácia condicionada a definição legislativa.[106]

A partir da promulgação da Constituição Federal de 1988, não sendo o caso de flagrante, a ordem escrita e fundamentada de autoridade judiciária competente é dispensável somente quando se tratar de transgressão militar ou crime propriamente militar, definidos em lei.

O ponto nuclear a ser enfrentado é que o legislador ordinário ainda não definiu, como determina a Constituição Federal, quais são as transgressões militares.

Somente se, ou quando, o Congresso Nacional se manifestar explicitamente, definindo as transgressões militares, em projeto de lei de iniciativa do presidente da República, poderemos dizer que esse ou aquele comportamento se constitui em ilícito disciplinar passível de punição.

Outra não pode ser a conclusão se atentarmos para o princípio da reserva legal, para o qual se pode acrescentar nova leitura: "Não há crime (nem transgressão militar) sem lei anterior que o defina."

O entendimento jurisprudencial sobre a constitucionalidade do regulamento disciplinar está longe de ser tranqüilo, como aliás ocorre quando se discutem as razões da espada e da balança.

Em "decisão inédita", conforme destacado no *site* do Tribunal Regional Federal da 2ª Região, por unanimidade, foi cassado o *habeas corpus* concedido na primeira instância ao subtenente Edmundo Veloso de Lima.[107] O HC impedia a prisão do graduado em razão de entrevista concedida e na qual fez declarações consideradas pelos superiores como ofensivas às Forças Armadas.[108]

Não se diga, porém, que apenas as praças são alvo da reação das autoridades quando o tema é a insatisfação manifestada diante de decisões dos chefes.

O advogado Ângelo Bello Butrus – tenente-coronel da reserva remunerada –, postulando em causa própria perante a administração militar, cometeu a ousadia de afirmar na petição que a decisão da autoridade demonstrava, "no mínimo, pouco caso na averiguação da notícia crime" por ele apresentada.

Foi o bastante para que fosse instaurado um processo administrativo disciplinar contra o advogado, que impetrou *habeas corpus* e obteve sentença favorável reconhecendo a inconstitucionalidade do novo RDE.

A sentença, no entanto, acendeu uma vela a Deus e outra ao diabo, ao dizer que o regulamento anterior pode ser aplicado. Admite, assim, que o advogado, por ser militar da reserva, pode ser preso disciplinarmente mesmo quando atua como advogado. O Tribunal Regional Federal referendou a heresia. Por unanimidade confirmou que o advogado estava subordinado às duas normas: o Regulamento Disciplinar do Exército e o Estatuto da Ordem dos Advogados. Foi preciso que o Superior Tribunal de Justiça, num terceiro julgamento, pusesse fim ao delírio jurídico.[109]

Levado a sério esse entendimento, promotores e juízes, desde que estejam na reserva remunerada das Forças Armadas, poderiam ser presos por ordem dos mesmos militares a quem lhes cabe denunciar e julgar.

Em 2004, a discussão sobre a validade jurídica do RDE chegou ao Supremo Tribunal Federal, com uma Ação Direta de Inconstitucionalidade proposta pelo procurador-geral da República, Cláudio Lemos Fontelles. O Supremo preferiu não enfrentar o problema. Por maioria, "não conheceu da ação", o que implica dizer que não discutiu o mérito, deixando tudo como dantes no quartel de Abrantes.[110]

Resta outra questão para aprofundamento dos estudos relativos ao direito disciplinar militar. Por que somente agora, em pleno século XXI, o regulamento disciplinar do Exército aceita o exercício da ampla defesa?

Esse atraso permite as mais diferentes explicações. Desde razões histórico-culturais até a omissão da sociedade brasileira para as questões da caserna ou, o que é mais provável, o somatório de todas elas.

Inconcebível seria apontar o desconhecimento do legislador para assunto tão festejado quando se trata de civis sujeitos ao julgamento em qualquer instância, seja cível, penal ou administrativa.

Analisando a proibição do *habeas corpus* nas transgressões disciplinares, podemos concluir que a resistência maior ocorre por parte dos chefes militares.[111]

Não por ignorância, certamente. Por comodidade, talvez.

Desde o Império, os militares brasileiros estiveram presentes na vanguarda do conhecimento nos mais variados campos, sempre com posições arrojadas, revolucionárias mesmo, como no movimento abolicionista, no republicano, etc. Não faz sentido que atrás do Portão das Armas essas luzes não fossem acesas.

O que se tem, ao longo da história, é que os assuntos *interna corporis* se transformaram em verdadeira caixa-preta, impenetrável aos olhos inquietos da sociedade. Qualquer tentativa de dar maior transparência é repelida, como se dissessem: aqui mando eu.

Expediente do comandante do Exército ao ministro da Defesa deixa claro o mal-estar causado com a interferência, vista como indevida e perturbadora, do Poder Judiciário nas questões administrativas, disciplinares ou não. Ressalta que "o incremento acentuado da utilização da via judicial tem acarretado sensível corrosão nos fundamentos básicos das Forças Armadas: a hierarquia e a disciplina."[112]

E aí vem a parcela de responsabilidade da sociedade civil. Quando os generais alertam para o risco de indisciplina nos quartéis, imediatamente o cidadão comum, a imprensa, o legislador, todos silenciam.

Basta lembrar o início da década de 1960. A assembléia realizada pelos sargentos no Automóvel Clube, no Rio de Janeiro, em homenagem ao presidente João Goulart e o episódio do Sindicato dos Metalúrgicos foram o estopim utilizado em 1964 para justificar o movimento militar.[113]

Equivocadamente as mudanças são debitadas à Constituição de 1988, que teria ampliado os direitos e garantias fundamentais. Especificamente quanto à ampla defesa e o contraditório essa interpretação não é a melhor. O constituinte apenas explicitou o que já era pacífico na doutrina e na jurisprudência.

A verdade é que os subordinados descobriram o caminho dos tribunais e as sucessivas ordens de *habeas corpus* deixaram perplexos os comandantes.

A resistência em aceitar o controle do Poder Judiciário nas atividades administrativas, a adoção de normas sem o crivo do Poder Legislativo e outras práticas tradicionalmente adotadas nas Forças Armadas deixam à mostra um viés comum às organizações fechadas.

O princípio constitucional da publicidade dos atos administrativos é convenientemente esquecido, com o silêncio obsequioso dos pares. Os próprios militares não exercem nem mesmo o direito de saber o conteúdo das avaliações feitas periodicamente, ilegalmente classificadas como sigilosas. Prevalece a tradição e nem o militar avaliado toma conhecimento dos registros demeritórios que recebeu.

Pode-se concluir que os militares aceitam o uso político da instituição, mas não o controle político legal.

O ARBÍTRIO NO QUARTO DOS FUNDOS [114]

Com o término dos trabalhos da Constituinte em 1988, o Brasil começou a viver sob nova ordem constitucional, na qual cidadania veio a ser a palavra-chave. Os direitos e garantias fundamentais, antes alojados no quarto dos fundos – artigo 153 – ganharam mais visibilidade. Passaram à sala de visitas e ocuparam o artigo 5º da Constituição.

O *habeas corpus* acompanhou a mudança, com roupagem nova, da qual foi extirpada a frase: "Nas transgressões disciplinares não caberá *habeas corpus.*" A restrição ao chamado "remédio heróico" maculava a garantia constitucional. Difícil aceitar que uma determinada categoria de cidadãos tivesse o direito de ir e vir lesado por ato ilegal, sem a proteção do *habeas corpus*.

Mas, no campo da hermenêutica jurídica, cabe ao intérprete "entender" o que o legislador pretendeu dizer. Com muito mais razão quando se trata do legislador constituinte.

As Forças Armadas mereceram destaque na nova Carta, deslocadas para o título que trata da "Da Defesa do Estado e das Instituições Democráticas", mantendo-se os princípios basilares da hierarquia e da disciplina. Nesse ponto é possível dizer que a nova Constituição tentou esconder o problema ao transferir a proibição do *habeas corpus* nas transgressões disciplinares para o artigo que trata das Forças Armadas.[115] Juntou a cabeça ao corpo com melhor técnica legislativa.

Abrigadas nesse título, as Forças Armadas foram aproximadas das medidas excepcionais: Estado de Defesa e Estado de Sítio. Ambos trazem restrições pontuais aos direitos e garantias individuais, indistintamente.

A nova arquitetura constitucional permite dizer que, caso as Forças Armadas sejam convocadas a cumprir uma missão constitucional, nessa hipótese, cabe a imposição de determinadas restrições a alguns direitos e garantias individuais. Inclusive o acesso ao *habeas corpus* aos militares em caso de transgressão disciplinar. Só nesse caso.

Naquelas ocasiões excepcionais também a liberdade de expressão e o direito de reunião de militares serão atingidos, dando vida aos artigos do Código Penal Militar que vedam o direito de reunião e o de crítica.[116]

No dia-a-dia da rotina na caserna, em tempo de tranqüilidade democrática, não há que se falar em incidência daquelas restrições, sob pena de se reconhecer, para os militares, uma situação de inferioridade em termos de cidadania. Mas isso é o que tem acontecido.

Pacientemente, no entanto, o STF constrói, com discrição, a aceitação do HC no campo disciplinar. Aos poucos esse entendimento se consolida. De 1988 para cá, já é pacífico no STF que o militar somente deve ser considerado em função de natureza militar quando nas situações previstas na Constituição – Art. 142. As atividades administrativas ou as subsidiárias não são consideradas como de natureza militar.[117] É também do Supremo Tribunal Federal a interpretação no sentido de que a restrição ao cabimento do *habeas corpus* nas transgressões disciplinares, a partir da Constituição de 1988, abrange apenas as transgressões de natureza militar.[118]

Conjugando os dois entendimentos, isto é, em que consiste função de natureza militar e a limitação da restrição do HC apenas às transgressões de natureza militar, é forçoso concluir que o HC só é vedado quando a transgressão disciplinar for praticada nas situações previstas no Art. 142 da Constituição, ou seja, atuação em defesa externa ou na garantia da lei e da ordem.

A interpretação que não aceita o cabimento de qualquer procedimento judicial, em casos que envolvam hierarquia e disciplina, representa um retrocesso secular que vige na prática até hoje, independente do que diz a Constituição Federal.

> "Conceder-se-á habeas corpus sempre que alguém sofrer ou se achar ameaçado de sofrer violência ou coação em sua liberdade de locomoção, por ilegalidade ou abuso de poder."

Esse é o teor do dispositivo constitucional que trata do direito de ir e vir.[119] A ressalva – não caberá *habeas corpus* em relação a punições disciplinares militares – mudou de lugar, como já se disse.

A restrição ao cabimento do *habeas* corpus para as transgressões disciplinares não é recente. A Constituição de 1934 inaugurou a matéria.[120] Foi seguida pelas demais até a de 1988.[121]

E de onde vem a inspiração para a restrição?

A origem de tudo parece estar em avisos ministeriais ainda no Império. No início do século XIX, no vácuo de uma Constituição omissa no assunto, o Aviso do ministro da Guerra, de 19 de fevereiro de 1834, proclamava:

> "A ordem de habeas corpus não pode ser passada em favor dos militares presos militarmente, não só por ser oposto às leis que os regem, como por ser contrária à subordinação e disciplina do exército[122]."

No mesmo tom, um outro Aviso ministerial, em 30 de agosto de 1865, dizia:

> "Aos militares presos militarmente é contrária às suas respectivas leis e à disciplina do exército a concessão de soltura por habeas corpus[123]."

Proclamada a República, o cidadão assumiu o lugar do súdito mas a omissão constitucional permaneceu. O confronto entre a toga e a espada ocorreu em 1894, quando o Governo não deu execução às decisões do Supremo Tribunal Federal que concederam *habeas corpus* a um oficial reformado da armada e outro do exército, sob o argumento de que tais decisões eram "contrárias a todas as leis e *immemoriaes estylos* militares."

No ano seguinte, ao decidir sobre o pedido de *habeas corpus* impetrado em favor de um tenente reformado da armada, o Supremo Tribunal Federal fez a toga ceder às armas e negou a medida.

O então capitão Cândido Borges Castello Branco, pai de Humberto de Alencar Castello Branco, primeiro general presidente do regime militar – de 1964 a 1967 –, registrou corajosamente o episódio:[124]

> "Por mais sólidos que sejam os fundamentos dessa asserção, o acto do Poder Executivo violou abertamente a Constituição, atentando contra uma decisão soberana do Poder Judiciário Federal, embora em desaccôrdo com a jurisprudência uniforme constante e quasi secular, de que fez menção o Accordão de 22 de setembro de 1894[125]."

Na Nova República, desde o anteprojeto de Constituição encaminhado ao plenário da Constituinte de 1988, a restrição foi retirada do artigo 5º, sendo restaurada assim a dignidade do instituto.

Essa é a gênese do §2º do artigo 142 da Constituição Federal.

Lamentável, para dizer o mínimo, que no alvorecer republicano a desobediência a uma decisão da mais Alta Corte de Justiça tenha tido força suficiente para ser posteriormente agasalhada no texto constitucional. A realidade, triste realidade por sinal, é que a restrição permanece inculcada nas tradições militares.

Sabendo-se que o *habeas corpus* se destina à proteção do *status libertatis* do indivíduo, a expressão excepcionada quando fala das transgressões disciplinares está se referindo às penas com prisão, detenção ou impedimento, por serem as únicas que representam privação de liberdade. As penas de advertência, repreensão e licenciamento a bem da disciplina não têm esse caráter restritivo da liberdade.

O problema seria de fácil equacionamento se aceitos sem maiores indagações os termos da norma constitucional. Mais razão ainda se considerarmos as condições peculiares do direito castrense, que pune com rigor o militar que em determinadas circunstâncias se esquiva de enfrentar o risco da própria vida, bem tutelado de forma especial no direito penal comum.[126]

Respeitados estudiosos defendem o descabimento do *habeas corpus* nas transgressões disciplinares. À frente Seabra Fagundes, que em posição extremada nega a possibilidade de exame pelo Judiciário de todos os atos punitivos de cerceamento da liberdade quando emanados de autoridades militares.

O ilustre jurista, reconhecidamente um dos mais destacados defensores do controle judicial, abandona essa posição quando se trata das transgressões disciplinares:

> "(...) ainda que o ato administrativo, em tal caso, se apresente com ilegalidade evidente, (...) não cai sob a apreciação judi-

ciária. A restrição se inspira no propósito de fortalecer a disciplina nas corporações militares, subtraindo-se os atos dos superiores hierárquicos, considerados essenciais à sua organização e eficiência, à impugnação e discussão dos subordinados[127]."

As palavras acima, como se vê, merecem análise cuidadosa, em que pese o indiscutível saber jurídico do autor, "sem recurso a cuja autoridade ninguém pode, neste País, ensaiar sequer a abordagem" do problema do controle jurisdicional dos atos da administração pública.[128]

Pela evidência, não se pode fugir da idéia de que o exercício do Poder Hierárquico é essencial à organização e eficiência não apenas das unidades militares, mas de todo órgão do serviço público. O fortalecimento da disciplina deve ser ponto de constante preocupação em todas as áreas da administração pública.

Em verdade, a destinação constitucional das Forças Armadas implica exigência de disciplina mais rígida e, conseqüentemente, um sistema disciplinar de características próprias. Entretanto, não pode ser esquecido que o conceito de disciplina, *latu senso*, é o mesmo, seja sob o aspecto civil, seja militar, isto é: "o conjunto de regras, impostas, nas diversas instituições ou corporações, como norma de conduta das pessoas que a elas pertencem[129]."

O Estatuto dos Militares curvou-se a esse raciocínio ao dispor que a "disciplina é a rigorosa observância e o acatamento integral das leis[130]." E de outra forma não poderia ser, uma vez que as Forças Armadas "destinam-se à defesa da Pátria, à garantia dos poderes constitucionais e, por iniciativa de qualquer destes, da lei da ordem[131]."

Entendimento diverso nos levaria a dizer que as Forças Armadas são organizadas com base na hierarquia e na disciplina, mas para alcançar seus objetivos é permitido aos superiores hierárquicos afrontarem a própria lei que se propõem garantir.

Seria o paradoxo de eleger a ilegalidade para garantir a legalidade, ou, ainda, adotar o princípio de que os fins justificam os meios, numa triste reedição de Maquiavel.

No campo oposto – nem por isso menos respeitável – é a corrente liderada por Pontes de Miranda, que defende a aceitação do HC em certas condições.

O renomado jurista, em seus Comentários à Constituição Federal de 1967, deduz que a ocorrência da transgressão disciplinar só é possível com a existência de determinados pressupostos, dentre eles o poder disciplinar, que não é atribuído indistintamente em razão da obediência hierárquica.

Pode assim haver precedência hierárquica sem haver poder disciplinar, como, por exemplo, nas relações entre cabos e soldados, em que está presente a superioridade hierárquica, mas não se tem o poder punitivo. Da mesma forma um almirante ou um brigadeiro não gozam de poder punitivo diante de um soldado do Exército, embora seja flagrante a prevalência hierárquica.

A competência para aplicação de penas disciplinares está prevista no regulamento disciplinar de cada Força, sendo conferida ao cargo e não ao grau hierárquico.

Assim, é de fácil compreensão que se um comandante de Unidade prender disciplinarmente um militar diretamente subordinado ao comandante de outra Organização Militar, estaremos diante de uma invasão de competência. E a competência é elemento vinculado do ato administrativo e não pode ser modificada em afronta à norma e pelo puro alvitre do administrador, seja ele civil ou militar.

Corolário desse entendimento é a hipótese de necessidade de pronta ação disciplinar sobre o transgressor, quando a autoridade militar de mais elevada hierarquia presente no momento da falta efetue a prisão em nome da autoridade competente.

Outra situação lembrada por Pontes de Miranda é quando a lei fixa um prazo máximo para a prisão. No Regulamento Disciplinar do Exército, além da competência genérica deferida a cada autoridade, temos o limite das penas privativas de liberdade que podem ser aplicadas.

Ali temos que os militares podem ser apenados com até 30 dias de prisão, sendo competente para aplicar tal punição o Comandante da Unidade onde servem, enquanto os oficiais comandantes de subunidade têm competência mais restrita.

Logo, se o comandante de subunidade prender um subordinado por tempo superior ao que lhe é deferido estará praticando excesso de poder.

Em ambos os casos, ou seja, invasão de competência e excesso de poder, temos tipificado, em tese, o abuso de autoridade, sujeitando o infrator às sanções civis, administrativas e penais.

E nem poderia ser diferente. Inaceitável que o ato praticado com abuso de poder seja mantido incólume, ainda que à margem da lei, apenas porque se trata de disciplina militar.

Não se perca de vista que tanto o crime militar quanto a transgressão disciplinar se constituem em violação do dever militar. Assim, a mesma autoridade militar, praticando o mesmo abuso de autoridade – prisão ilegal –, seria responsabilizada apenas no caso de crime militar e ficaria imune na transgressão, se assim fosse considerado.

No primeiro caso caberia *habeas corpus* por se tratar de crime, enquanto no segundo, se adotada a corrente defendida por Seabra Fagundes, não seria possível a concessão do *writ*.

Em perfeita sintonia com o pensamento de Pontes de Miranda está o de Nelson Hungria, quando afirma que "evidentemente, quando se fala em ato disciplinar, na Constituição, quer-se referir àquele que se apresenta escorreito na sua forma[132]."

Estando a privação da liberdade inquinada do vício da ilegalidade; praticado que tenha sido o ato punitivo com nulidade insanável pela presença do abuso de poder, é cabível o *habeas corpus*. "O julgamento da legalidade dos atos administrativos está incluído na competência jurisdicional que protege qualquer lesão do direito individual[133]."

Da mesma forma ensina Othon Sidou, esclarecendo sobre a relatividade da aplicação da regra de não cabimento de *habeas corpus* nas transgressões disciplinares e também da impossibilidade de apreciação do conteúdo específico da infração disciplinar, bem como da justiça ou injustiça da punição.[134]

O *habeas corpus* é defendido por Othon Sidou quando: a prisão foi determinada por autoridade incompetente; a lei não a autoriza, em tese; as formalidades legais não foram observadas, e o prazo legal foi excedido.

Valorizando ainda mais essa corrente, temos Themistocles Cavalcanti, que analisa comparativamente os dois institutos – *habeas corpus* e mandado de segurança – e conclui:

> "É evidente (...) que às transgressões disciplinares não se estendem as garantias do *habeas corpus* nem do mandado de segurança quando (...) o abuso de poder decorrentes do ato disciplinar emanarem de autoridade competente, forem legítimos, porque se revestirem o caráter de violação manifesta de um direito ou de infração de literal dispositivo de lei, não há como excluir tais atos ilegais ou abusivos do am-

paro de um ou outro daqueles remédios especiais que abrangem, de modo geral, todos os direitos individuais violados ou simplesmente ameaçados de violência[135]."

O argumento mais ponderável, senão o único, da corrente que se recusa a aceitar o cabimento do *habeas corpus* nas transgressões disciplinares, pela interpretação literal do texto constitucional, se fixa nas peculiaridades da estrutura e das funções militares e no hipotético comprometimento da eficiência das atividades na caserna pela ingerência do judiciário na discussão dos atos punitivos.

Essa é a opinião de Seabra Fagundes, para quem "o objetivo do constituinte foi a preservação do regime disciplinar das Forças Armadas contra a interferência de decisões judiciais."

Tal interferência, no entanto, longe de perniciosa é bastante salutar, fortalecedora do Estado Democrático de Direito, sendo assustadora a afirmativa de que o Poder Judiciário é maléfico ao exercer jurisdição.

Ora, se um militar teve sua liberdade cerceada ilegalmente por outro militar, poderemos estar diante de constrangimento ilegal:

"Constranger alguém, mediante violência ou grave ameaça, ou depois de lhe haver reduzido, por qualquer meio, a capacidade de resistência, a não fazer o que a lei permite, ou a fazer ou a tolerar que se faça, o que ela não manda[136]."

Ou então, o ilícito penal "Rigor excessivo":

"Exceder a faculdade de punir o subordinado, fazendo com rigor não permitido, ou ofendendo-o por palavra, ato ou escrito[137]."

Não sendo aceito o cabimento do *habeas corpus* nos dois exemplos acima, teríamos a Justiça Militar competente para processar e julgar a autoridade que praticou o ilícito, mas incompetente para determinar a libertação do ofendido, o que se constituiria numa aberração.

E mais, o militar preso disciplinarmente por ato manifestamente ilegal poderia obter através de mandado de segurança a anulação do ato administrativo para efeito de cancelamento da punição em seus assentamentos funcionais. Mas permaneceria preso, já que o mandado de segurança não se constitui em proteção adequada à liberdade de ir e vir.

O próprio Código de Processo Penal Militar trata do *habeas corpus* com as mesmas aparentes restrições às transgressões, mas a exegese da letra "a", do parágrafo único, do art. 466, permite optar pelo cabimento do *habeas corpus*:

> "Parágrafo único – Excetuam-se, todavia, os casos em que a ameaça ou a coação resultar: a) de punição aplicada de acordo com os Regulamentos Disciplinares das Forças Armadas;"

Contrario senso podemos concluir que as punições aplicadas em desacordo com os dispositivos regulamentares não fogem ao alcance do HC, que deve ser concedido pelo tribunal competente, ou seja, o Superior Tribunal Militar.

Não se compreende, por exemplo, de que forma a atuação da mais alta Corte de Justiça Castrense pode ser considerada inconveniente aos princípios da hierarquia e da disciplina na caserna. O STM, na qualidade de tribunal militar de caráter permanente, pode julgar o oficial, qualquer que seja a patente, em caráter administrativo e declará-lo indigno para o oficialato ou com ele incompatível, o que importa na perda do posto e da patente e conseqüente demissão.

A experiência portuguesa serve de exemplo. Quando da reforma no sistema disciplinar das Forças Armadas de Portugal, na década de 1970, ao regular o recurso contencioso, foi introduzida

> "uma modificação importante e totalmente nova: em matéria disciplinar, o controle jurisdicional dos atos punitivos é confiado ao Supremo Tribunal Militar. Por um lado, trata-se de um órgão constitucionalmente revestido de poder soberano, objetivo, imparcial e independente (...) e por outro lado evita-se que se quebre a seqüência normal da justiça militar[138]."

A França – Código de 1814 – antecipou-se ao problema, ao possibilitar, além do recurso hierárquico, que todos os militares que se sentissem punidos injustamente ou mais severamente recorressem ao conselho de guerra ou à Corte militar de grau superior ao da autoridade que aplicou a punição. [139]

Sob o ângulo da lesão de direito individual, a interpretação restritiva apresenta outros absurdos. As punições que não implicam privação da liberdade – advertência, repreensão e licenciamento a bem da disciplina – podem ser apreciadas pelo Poder Judiciário, enquanto a prisão e a detenção, que, se ilegais, corresponderiam, em tese, a ilícitos penais, não estariam sujeitas a apreciação judicial.

Ou, mais estranho ainda, a prisão ou detenção, aplicadas com vício de ilegalidade, podem ser apreciadas – e anuladas – pelo Judiciário através de mandado de segurança, mas apenas para efeito do cancelamento do registro na fé de ofício do militar, permanecendo o ato imune ao controle judicial sob o aspecto criminal.

No Brasil, o caso de maior destaque ocorreu na Marinha, com o almirante Carlos Penna Botto, em 1951. Penna Botto requereu mandado de segurança ao Supremo Tribunal Federal contra pena disciplinar imposta pelo ministro da Marinha e mantida, em recurso, pelo então presidente, general Eurico Gaspar Dutra.

O procurador-geral da República suscitou "a preliminar de inidoneidade da medida requerida. Entendeu que se tratava de uma prisão e, através desse tema, somente seria possível à parte interessada agitar seu caso por via de *habeas corpus*, visando a tornar sem efeito ou impedir o cumprimento da pena considerada ilegal[140]."

No mesmo sentido o ministro Afrânio Antonio da Costa, que em seu voto alia-se à tese do procurador-geral, quanto ao cabimento do *habeas corpus*. A segurança foi concedida, por unanimidade, sem tratar do cumprimento da pena, o que já havia ocorrido, e reconheceu:

> "(...) o direito do impetrante a evitar que da sua fé de ofício conste uma pena disciplinar oriunda de ato manifestamente ilegal pode e deve ser amparado por mandado de segurança[141]."

Desnecessário dizer que o cerceamento da liberdade daquele oficial por ato manifestamente ilegal, como entendeu o Supremo Tribunal Federal, passou em brancas nuvens, pois ninguém teria a ousadia de tentar responsabilizar o ministro da Marinha e o presidente da República pela prisão ilegal.

O exemplo acima, mais ilustrativo pela alta patente e funções, tanto do impetrante quanto do impetrado, poderia ser considerado como ofensivo aos princípios de disciplina.

Efetivamente tal ofensa não ocorreu e nem de leve foram atingidos os princípios de autoridade, considerados indispensáveis ao perfeito funcionamento das instituições militares.

Bem oportunas as palavras do mestre Marcelo Caetano:

> "Multiplicam-se as garantias do processo disciplinar para prevenção do desvio de poder. Mas veremos de resto, que nem por isso os superiores foram privados de providenciar rápida e eficazmente quando urja proceder sem demora[142]."

Pelo acompanhamento da jurisprudência relativa às transgressões disciplinares, percebe-se que especificamente quanto ao *habeas corpus* o desenvolvimento vem sendo bastante lento.

Em verdade, doutrinariamente não há mais resistências de relevo à aceitação do *habeas corpus*, ainda que se trate de punição disciplinar. Mesmo ministros do Superior Tribunal Militar, aqui e ali, se manifestam favoráveis à concessão da medida, restrita a apreciação ao exame da legalidade do ato sob suas diversas formas.

Em 1927, em Acórdão de 4 de maio, foi indeferido um pedido "porque a prisão do paciente foi ordenada no uso de uma atribuição conferida em lei e dentro dos limites nesta estabelecidos", o que leva a crer que, se ilegalidade houvesse, a ordem seria concedida.

Durante o I Congresso de Direito Penal Militar, em 1958, essa questão foi tema de tese apresentada pelo ministro Mario Tibúrcio Gomes Carneiro:

> "A proibição constitucional do *habeas corpus* e do mandado de segurança, em matéria disciplinar, não impede que o tribunal, (...) tome, (...) conhecimento do pedido, (...). O Tribunal tem o poder e o dever de (...) examinar se o fato punido constitui infração disciplinar definida na norma disciplinar, a fim de decidir, pois, sem esse exame, ficaria praticamente impune

todo abuso de poder ou de autoridade do superior e sacrificado o direito individual que a Constituição garante mesmo durante a incorporação na Força Armada[143]."

No mesmo Congresso, o capitão Euclydes de Carvalho Brito sustentou o cabimento do *habeas corpus* para os casos de punição disciplinar limitativa da liberdade individual e o mandado de segurança para cancelamento de punição disciplinar que não implique coação à liberdade corpórea.[144]

Em 1986 o Tribunal de Justiça do Rio de Janeiro, em decisão unânime, favoreceu diversos oficiais da Polícia Militar concedendo *habeas corpus* contra ato disciplinar do comandante-geral daquela Corporação.

"Prisão de oficiais da Polícia Militar do Estado, cujo motivo (...) teria sido participar de reunião (...) onde teriam sido discutidos (...) problemas de interesse dos associados. Punição imposta ao arrepio do direito de livre reunião assegurado no §27 do art. 153 da Constituição Federal. A inadmissibilidade do habeas corpus nas transgressões disciplinares, (...) não exclui a apreciação, pelo Judiciário, de lesão de direito individual resultante de punição por transgressão disciplinar dada como de tal natureza, sob pena de, sob a capa de punições assim rotuladas, abrir-se a porta aos maiores abusos de poder ou arbitrariedades[145]."

O episódio adquire maior relevância porque o problema envolvia 35 oficiais e a punição foi aplicada pelo comandante-geral da Polícia Militar e também secretário de Estado. Entretanto, repita-se, a jurisprudência é escassa.

A matéria é pouco conhecida quanto ao cabimento do *habeas corpus* nos atos punitivos emanados de autoridade militar. O mesmo não ocorre quanto à aceitação do mandado de segurança, com a ressalva de corrente nitidamente minoritária e superada. Hoje a jurisprudência reconhecendo o cabimento do mandado de segurança nas punições disciplinares é abundante, mansa e pacífica. Demonstra que o instituto do mandado de segurança tem obtido progressos mais nítidos do que seu parceiro constitucional.

Nem sempre foi assim. As mesmas limitações às transgressões disciplinares que nasceram com a Constituição de 1934 atingiram o recém-criado mandado de segurança.

É o que nos dá notícia Homero Prates, em seus comentários ao Código de Justiça Militar de 1938:

> "Não diz o texto que não cabe o mandado de segurança nas transgressões disciplinares, como expressamente estatuíram, em relação ao habeas corpus (...). A mesma razão que levou o legislador constituinte a excluir da garantia do habeas corpus as punições disciplinares subsiste para que se lhes não aplique o novo remédio instituído pela Constituição de 34[146]."

A construção pretoriana, no entanto, insurgiu-se contra a interpretação limitativa e hoje não mais se discute sobre o cabimento do mandado de segurança contra ato punitivo administrativo marcado pela ilegalidade, mesmo quando emanado de autoridade militar.

Constata-se assim que o mandado de segurança, apesar de mais recente do que o *habeas corpus*, teve progresso mais rápido e mais fácil acolhida na jurisprudência, em que pese não ser o instituto apropriado para proteção da liberdade de ir e vir.

E por que a diferença no trato pelo Judiciário dos dois institutos?

Um detalhe chama atenção, qual seja, a competência para conhecimento da matéria.

Tratando-se de *habeas corpus*, a competência é deferida ao Superior Tribunal Militar, em cuja composição predominam os militares, enquanto o mandado de segurança é apreciado pela Justiça Federal, sempre por magistrados civis.[147]

Outro elemento que pode estar inibindo o desenvolvimento jurisprudencial é a própria restrição contida no texto constitucional. À frente de uma vedação expressa na Lei Maior, poucos se aventuram ao estudo mais cuidadoso do assunto.

O argumento de que o legislador constitucional inspirou-se na necessidade de preservar a autoridade dos chefes militares, impedindo que os subordinados contestassem as decisões dos superiores pela via judicial, não tem consistência. Principalmente se considerarmos que o ato pode ser atacado pela via do mandado de segurança, recaindo finalmente sob a apreciação do Poder Judiciário.

Nesse caso, para não se enfrentar um problema, foi criado um outro, pois o mandado de segurança é apreciado pelo Judiciário através de magistrados civis, alguns com pouco conhecimento das atividades nos quartéis, o que não ocorre com os juízes-auditores.

Aceito que fosse o *habeas corpus* nas transgressões disciplinares, teríamos mantido o princípio da autoridade sem desrespeito aos direitos dos subordinados, uma vez que o julgamento estaria afeto aos juízes-auditores e ao Superior Tribunal Militar, órgão colegiado com predominância de membros militares. O exemplo de Portugal, já tratado linhas acima, demonstra a viabilidade dessa tese.

Não há razão, por isso mesmo, para a restrição imposta na Constituição Federal. Se o ato punitivo está revestido de todas as formalidades, apresentando-se incensurável quanto à legalidade, o Judiciário não se deterá na apreciação do mérito, vedado que lhe é a análise da conveniência e da oportunidade dos atos praticados por outro Poder.

Vale lembrar que a prisão de civil, em assunto completamente estranho à disciplina militar, também só é atacável pela via do *habeas corpus* em caso de ilegalidade, o que demonstra a iniqüidade de tanta discussão a respeito.

Sendo o ato punitivo marcado pela ilegalidade, em qualquer de suas formas, deve, necessariamente, merecer a censura judicial por força do princípio da jurisdição una.[148]

Não se pode perder de vista o aspecto da ilegalidade do ato praticado com abuso de autoridade. Preferível mesmo dizer que a própria existência do ato estaria irremediavelmente comprometida e não se justificam as excessivas cautelas, mesmo em se tratando de ato punitivo no âmbito das corporações militares.

A legalidade interessa tanto aos civis quanto aos militares, desde que ambos se encontrem sob o Estado Democrático de Direito.

> "(...) não existe qualquer incompatibilidade radical entre poder discricionário, seja legislativo ou administrativo, e controle jurisdicional, porquanto toda espécie de exercício do poder constituído há de observar as condições ditadas pelo poder constituinte, notadamente os direitos e garantias dos jurisdicionados em face do Estado, que como tais, retratam limitações intransponíveis à atuação das autoridades[149]."

De qualquer modo, o mandado de segurança se apresenta como alternativa, em razão do próprio texto constitucional.[150]

A lei que trata do mandado de segurança repete o dispositivo constitucional – ainda não atualizado em relação à Carta/88 – detalhando o campo em que situa a medida:

> "Conceder-se-á mandado de segurança para proteger direito líquido e certo, não amparado por habeas corpus sempre que ilegalmente ou com abuso de poder, alguém sofrer violação ou houver receio de sofrê-la, por parte de autoridade, seja de que categoria for e sejam quais forem as funções que exerça[151]."

Como se vê, o legislador constituinte e o ordinário se completam, deixando explícito que "seja qual for a autoridade e seja de que categoria for e sejam quais forem as funções que exerça", havendo lesão, ou ameaça de lesão de direito individual líquido e certo, por ilegalidade ou abuso de poder, caberá mandado de segurança.

As autoridades militares não constituem exceção, ainda que invocado o artigo 5º da mesma lei:

> "Art. 5º – Não se dará mandado de segurança quando se tratar: (...) III – De ato disciplinar, salvo quando praticado por autoridade incompetente ou com inobservância de formalidade essencial."

A exclusão acima, efetivamente, não encontra resguardo no texto constitucional e "quer-nos parecer um enxerto espúrio, porque incompatível com a largueza que a Constituição dá ao instituto[152]."

Desnecessário também se afigura o referido dispositivo quando se sabe que o controle jurisdicional dos atos administrativos se limita ao exame da legalidade e jamais do mérito, aí considerado o juízo de conveniência e oportunidade do ato.

Assim, em que pese a ressalva contida na lei e que, ainda assim, se mostra como "mera cautela", a garantia constitucional do mandado de segurança é remédio adequado para atacar o ato disciplinar eivado de nulidade. Inclusive porque nenhuma lesão ou ameaça de lesão de direito individual pode ficar imune ao exame pelo Poder Judiciário.[153]

Inócuas, portanto, sob o ponto de vista jurídico, as ressalvas às transgressões disciplinares, pois, existindo ou não, as conclusões são as mesmas. Resta o mal-estar quando identificamos, no caso do *habeas corpus*, a verdadeira heresia jurídica em que se traduz a restrição constitucional, nascida da desobediência a uma decisão do Supremo Tribunal Federal.

A questão do *habeas corpus* frente a punições disciplinares voltou a agitar a caserna com a impetração diretamente na Justiça Federal de primeiro grau.

A tese sustentada é forte, pois a Constituição Federal prevê competência para os juízes federais julgarem os atos administrativos praticados por agentes da União e sendo as sanções disciplinares militares ato administrativo cabe à Justiça Federal o julgamento de tais questões.[154]

OPERAÇÃO TABATINGA

Os militares sempre procuraram se manter protegidos pelas muralhas das fortalezas. Maior exposição, e sempre sob controle, fica por conta das datas festivas. Não é de estranhar, portanto, a resistência em submeter ao Poder Legislativo a discussão dos regulamentos. Assim como a insatisfação diante de decisões do Poder Judiciário em questões administrativas e disciplinares. Nem mesmo a Justiça Militar tem passe livre quando se propõe a ultrapassar o Portão das Armas, apesar de ser considerada por alguns como o prolongamento da autoridade do comandante.[155]

Tradicionalmente grande parte dos problemas disciplinares sempre foi resolvida internamente. Situações que em tese configuram crime militar não chegavam ao Ministério Público Militar e conseqüentemente ao Judiciário castrense. A solução vinha por meio de sindicâncias que acabavam arquivadas no quartel.

Desde 1988, com a nova Constituição, o Ministério Público se fez mais presente através do controle externo da polícia judiciária militar e o aumento do número de inquéritos tem sido significativo.

O uso de sindicâncias internas para dar solução rápida nem sempre traz um final feliz. O resultado, por vezes, não é exatamente o esperado, como aconteceu quando a Marinha desenvolveu o que chamou de Operação Tabatinga.

Em dezembro de 1997, sob o argumento de que, ao passar para a reserva, um número cada vez maior de militares declarava que iria fixar domicílio em outros estados, a Marinha desencadeou uma verdadeira operação de guerra.

Nasceu a Operação Tabatinga, nome do município do estado do Amazonas onde se concentrava o maior número de beneficiados. Para lá foi deslocado um navio do Comando da Flotilha do Amazonas com a missão de servir de base para recadastramento dos inativos.

Os planos foram mantidos em sigilo até o início da operação, por recomendação expressa do ministro da Marinha.[156]

Ao que parece não era intenção do ministro ver homens eventualmente portadores de excelente folha de serviços amargando uma condenação por crime considerado infamante. É o que se pode concluir pelos termos do documento "Subsídios para Planejamento da Operação Tabatinga", elaborado pelo Gabinete do Ministro.

A primeira fase do planejamento foi a instauração de sindicância, para "apurar possíveis irregularidades cometidas pelos militares que declararam fixar residência em Tabatinga, mas lá não residem." O passo seguinte, constatada a irregularidade, o desconto do montante recebido indevidamente. Esse foi o objetivo visado, ou seja, fazer voltar aos cofres da Marinha o dinheiro recebido indevidamente pelos marujos.[157]

Na hipótese de o militar aceitar o desconto, tudo estaria resolvido. Essa interpretação salta aos olhos diante das instruções contidas no documento.

> "(...) é certo que alguns militares, implantado o desconto, buscarão amparo judicial, no sentido de que a Administração Naval suste o desconto e devolva o que foi carregado. Para esses casos, deverá ser instaurado IPM para apuração de possível ilícito penal."

A "certeza" do ministro da Marinha de que muitos militares iriam resistir ao desconto se baseava no crescente número de ações judiciais propostas nos últimos anos. Injustificável, no entanto, é a autoridade optar pela instauração de inquérito policial militar apenas em relação aos que se atrevessem a contestar judicialmente o desconto. Ou o entendimento era de que o recebimento das indenizações apresentava indícios de crime militar e o comandante tinha o dever legal de instaurar o IPM, ou se tratava de questão a ser discutida e nesse caso não caberia fazer o desconto unilateralmente. Não é o fato de ir o militar em busca da proteção judicial que torna o recebimento das indenizações suspeito de ilícito penal.

A malha fina da Operação Tabatinga apanhou 359 militares, sendo 240 oficiais. Sob a acusação de estelionato, os processos que chegaram ao Superior Tribunal Militar invariavelmente levaram à condenação por estelionato, com a pena de dois anos. Em razão da pena aplicada – dois anos – não pode o Ministério Público Militar fazer a representação para declaração de indignidade, para a perda do posto e da patente dos oficiais condenados. [158]

Ocorre que a lei que trata dos Conselhos de Justificação prevê que o oficial deve ser submetido ao referido Conselho quando condenado a pena restritiva de liberdade individual até dois anos. [159] O resultado, em caso de estelionato, é a perda do posto e da patente e dos proventos da inatividade.

Não se tem notícia da instauração de nenhum Conselho de Justificação em razão da Operação Tabatinga. Nem que alguém tenha cobrado explicações do comandante da Marinha pela omissão.

Reconheça-se que a Operação rendeu frutos. Serviu para estancar a orgia de artifícios montados para atender aos requisitos burocráticos para a concessão do auxílio financeiro. Na medida em que aumentava o número de militares que postulavam o benefício, uma máquina de fraudes foi organizada, com contratos de locação fictícios, venda de automóveis que se limitava à transferência da documentação, endereços de domicílio inexistentes, entre outras coisas.

Resta de negativo o número de militares condenados por estelionato. A grande maioria, envolta no manto do corporativismo, aceitava participar do esquema sob o argumento de que se tratava de uma indenização pela transferência para a reserva remunerada, verba a que não tinham direito por falta de previsão legal. Uma espécie de Fundo de Garantia por Tempo de Serviço de capacete e coturnos, obtido através do jeitinho brasileiro.

É difícil acreditar que as autoridades desconhecessem a situação. Como explicar a desproporcional concentração de pessoal da reserva da Marinha em Tabatinga, no Amazonas, e do Exército no Acre, por exemplo?

Por outro lado, existe semelhança entre o comportamento discreto dos militares em relação aos assuntos *interna corporis* e a magistratura castrense, essa inclusive quando se trata da legislação especial aplicável.

Veja-se, por exemplo, que os oficiais-generais gozam do chamado foro privilegiado nos crimes militares, mesmo depois de transferidos para a inatividade, escapando das auditorias de primeira instância.

Bastante discutível a instituição de foro privilegiado através de lei ordinária, quando se sabe que no silêncio da Constituição Federal o foro competente é o de primeiro grau. A regra para fixação da competência do juiz natural ou constitucional é que os crimes, em princípio, são julgados pela justiça comum de primeiro grau. A partir daí as exceções são expressamente contempladas na Lei Maior. E o constituinte não inseriu na competência do Superior Tribunal Militar as funções de processar e julgar, originariamente, os oficiais-generais.

A competência originária do Superior Tribunal Militar para processar e julgar generais acusados da prática de crime militar foi estabelecida a partir de projeto de lei de iniciativa do próprio STM.[160] Uma vez aceito esse critério, nada impede que o STM proponha outra mudança na Lei de Organização Judiciária Militar, estendendo o foro privilegiado para outras categorias de oficiais.

Pode-se argumentar que o problema não é relevante, inclusive porque não se tem notícia de generais da ativa condenados por crime militar. Resta saber se inexistindo o privilégio de foro, com os inquéritos tendo início na primeira instância, a estatística seria a mesma.

A GUERRA DA ROCINHA

Abril de 2004. Semana Santa. Numa ação ousada, um grupo de traficantes da favela do Vidigal invadiu o bairro da Rocinha, zona sul do Rio de Janeiro. Objetivo: assumir o controle do tráfico na favela, considerada o maior entreposto de drogas do estado.

Os dias que se seguiram foram palco de mais uma demonstração da inabilidade de autoridades estaduais e federais, enquanto a população, ansiosa, esperava uma suposta batalha decisiva entre o crime organizado e o Estado.

À perplexidade diante do confronto entre traficantes seguiram-se o pânico e a incerteza. Sobre a angústia daquele momento, é significativo o testemunho do padre Jesús Hortal, reitor da Pontifícia Universidade Católica do Rio de Janeiro, localizada na Gávea, bairro nobre da zona sul do Rio de Janeiro e próximo da área de conflito:

> "A Semana Santa tem sido uma verdadeira Semana da Paixão para o Rio de Janeiro. Enquanto, na quinta-feira, me preparava para a celebração da Ceia do Senhor, os disparos dos fuzis e as rajadas das metralhadoras forneciam uma sinistra música de fundo. Durante a noite, no meu quarto, ressoavam os ecos da luta que se travava entre a Rocinha e o Vidigal. O estrépito macabro continuou na sexta, no sábado e até na madrugada do domingo[161]."

O ministro da Justiça, Márcio Thomaz Bastos, classificou a onda de violência e a guerra entre traficantes nos morros do Rio de "guerrilha urbana" e determinou que o secretário Nacional de Segurança Pública, Luiz Fernando Corrêa, se deslocasse para o Rio de Janeiro para reunião extraordinária com o Gabinete de Gestão Integrada de Segurança do Sudeste.[162]

Diante da gravidade do problema, o presidente da República, Luiz Inácio Lula da Silva, convocou uma reunião com o próprio Thomaz Bastos e mais os ministros Aldo Rebelo (Coordenação Política e Assuntos Federativos), José Dirceu (Casa Civil), Jorge Félix (Gabinete de Segurança Institucional) e José Viegas (Defesa). Um Gabinete de Crise para ninguém botar defeito. Após o encontro o ministro da Justiça botou pressão nas autoridades locais. Ameaçou que, se necessário, o governo federal decretaria Estado de Defesa e convocaria as Forças Armadas. "Mas essas medidas – ressalvou – só serão adotadas com a concordância do governo do estado[163]."

Em vez do confronto com os marginais, estava delineado o teatro de operações para mais uma batalha política.

O governo do estado do Rio de Janeiro reagiu através do secretário de Segurança Pública, Anthony Garotinho. Em carta encaminhada ao ministro Thomaz Bastos, definiu a ajuda que esperava do governo federal. Especificou, inclusive, o efetivo a ser empregado, que incluía duas brigadas estratégicas do Exército:

> "O governo do estado estima que para esse apoio seja necessário uma quantidade mínima de 4 mil homens, a serem selecionados dentre os mais qualificados e preparados das tropas federais, tais como pára-quedistas, forças especiais e fuzileiros navais."

O primeiro impasse surgiu com a pretensão do secretário de Segurança em ter a tropa federal sob seu comando.

Os militares, como se sabe, sempre são muito ciosos quando se trata de questões que envolvem a hierarquia. Assim, não foi muito bem recebida a idéia de submeter o Comandante Militar do Leste, general de quatro estrelas, à governadora Rosinha e ao secretário-consorte Garotinho, as duas estrelas da política estadual.

Foram 15 dias de expectativa por parte da população carioca até que Rosinha e Garotinho foram ao encontro do presidente Luiz Inácio Lula da Silva, em Brasília, e reiteraram o pedido do envio da tropa. Recuaram e aceitaram que o comando ficasse com os militares.

Superado esse obstáculo, tudo levava a crer que o dia "D" estava próximo. Cada avião ou helicóptero que cruzava os céus da Cidade Maravilhosa, ou mesmo um simples caminhão que passasse com a descarga aberta, fazia os cariocas imaginarem a chegada das forças libertadoras. Se ocorresse o confronto, seria o batismo de fogo para a Brigada de Operações Especiais, criada em 2003, cujo lema – "Qualquer missão em qualquer lugar, a qualquer hora e de qualquer maneira" – diz bem da disposição da tropa.

Após nova reunião com os ministros Dirceu, Thomaz Bastos e Rebelo, o ministro da Defesa, José Viegas, anunciou o início da operação, por determinação expressa do Comandante-em-Chefe das Forças Armadas, presidente da República, Luiz Inácio Lula da Silva. Viegas voltou a lembrar que "em toda e qualquer operação do Exército e da polícia, o Exército terá o controle operacional[164]."

No caso da "Guerra da Rocinha", as autoridades esqueceram de combinar com os outros comandos envolvidos – o Vermelho e o Terceiro.[165]

Enquanto nos palácios se discutiam as táticas a serem empregadas, na madrugada de 3 de maio um depósito de armamento da Aeronáutica foi atacado por uma quadrilha que levou 22 fuzis e uma pistola. Algumas horas depois, o quartel do 8º Grupo de Artilharia de Campanha Pára-quedista – uma das Unidades que seriam empregadas no combate ao tráfico – foi invadido por traficantes armados. Os invasores se assustaram com o alerta dado pelos sentinelas e escafederam-se. Até hoje não se sabe se os traficantes não liam jornais, não ouviam rádio nem viam televisão, ou se apenas não levaram a sério as pomposas e ameaçadoras declarações das autoridades.

Naquela altura o ministro do Supremo Tribunal Federal, Marco Aurélio Mello, manifestava preocupação com os acontecimentos:

> "(...) a escalada da violência no Rio parece escancarar o que todos de há muito já sabíamos: as metrópoles brasileiras passam por uma situação de guerra civil não declarada (...) Somos uma República Federativa, não a confederação que parece aqui instalada, na qual egos federais, estaduais e municipais se confrontam à busca de holofotes. Discursos vazios e ridículas bravatas não impedirão a bandalha, que avança cada vez mais agressiva[166]."

O ministro sabia o que dizia e por que dizia. Eram evidentes as demonstrações de vaidade, suscetibilidades feridas e uma avalanche de provocações diretas e indiretas por parte das autoridades engajadas no problema.

Além dos desencontros na área política, havia outro problema. Encontrar respaldo jurídico para resolver uma contradição insuperável: intervir sem decretar a intervenção. O Centro de Comunicação Social do Exército dizia que o decreto de 2001 que tratava do assunto "era contestado por juristas de renome[167]."

Um exagero. Naquele momento havia apenas um alerta modesto e despretensioso publicado na imprensa.

> "A inconstitucionalidade não está no emprego das Forças Armadas na garantia da lei e da ordem. Está na forma como vem sendo determinado esse emprego pelo governo federal[168]."

Acostumado a mandar tropas às ruas para debelar qualquer crise no campo da segurança pública nos estados, o governo, por motivos não explicados, recuou. Se foi por barreiras legais, nada parecia ser tão complexo que não pudesse, mais uma vez, ser contornado pelos juristas de plantão.

À medida que se aproximava o dia marcado pelo presidente da República para que a questão fosse solucionada, as declarações oficiais se tornavam mais nebulosas, até que foi realizada uma reunião no Palácio Guanabara, no Rio de Janeiro, para a assinatura de um "acordo de cooperação."

A nota conjunta divulgada ao término do encontro deixou visível que o problema jurídico não havia sido solucionado. O jeitinho brasileiro foi a saída, exposta em um dos itens da nota que anunciava a abertura de diversos Inquéritos Policiais Militares, "após estudo da viabilidade jurídica", para que "as forças federais e estaduais" pudessem atuar na "recuperação e apreensão de armas de uso restrito[169]."

A pretexto de apreender armas de uso restrito, o Exército iria dar combate ao tráfico. Apenas uma forma de mascarar o emprego das Forças Armadas.

Dois meses depois do início da crise os quartéis voltaram a ser alvo de uma nova onda de ataques dos traficantes. Na seqüência, no 21º Grupo de Artilharia de Campanha, em São Cristóvão, uma tentativa de invasão foi repelida a tiros pela guarda. Ainda no início desse mês, pouco mais de 24 horas após ter sido roubado do Batalhão de Engenharia de Combate, um fuzil foi recuperado, com mandado de busca expedido pela Justiça Militar.

Em 28 de julho, dois recrutas do Forte de Copacabana roubaram três fuzis. Na madrugada seguinte os militares estavam com mandado de busca expedido pela Justiça Militar. Cerca de 200 soldados da Brigada Pára-quedista, à frente o general Manoel Luis Valdevez Castro, fizeram incursões em favelas da Zona Sul. Menos de 48 horas depois as armas foram recuperadas e a tropa voltou aos quartéis. Passados dez dias, um dos soldados, já considerado desertor, se apresentou voluntariamente. Deve ter achado mais seguro ficar preso do que ser morto, como "queima de arquivo", pelos traficantes para quem vendeu as armas.

Naqueles episódios a tropa agiu no exercício do poder de polícia judiciária militar, sob mandado judicial e especificamente diante de crimes militares, conforme estabelece o Código de Processo Penal Militar. Nessas hipóteses, o Exército não precisa de permissão ou pedido do governo estadual e nem da mediação política para atuar em qualquer ponto do território nacional.

Na "Guerra da Rocinha", a única saída encontrada para atender ao pedido da governadora sem decretar a intervenção foi recorrer à instauração de Inquéritos Policiais Militares.

Mas a posição de alguns membros do Ministério Público Militar, no Rio de Janeiro, deixou claro que essa manobra não daria certo. Segundo os promotores, cabe à polícia a busca e apreensão de armas em situação irregular, mesmo as de uso restrito ou privativo das Forças Armadas. É o caso das armas contrabandeadas. Somente na hipótese de as armas pertencerem a uma das três Forças caberia a atuação da Polícia Judiciária Militar. E para o reduzido número de armas roubadas dos quartéis e ainda não apreendidas já haviam sido instaurados os respectivos inquéritos policiais militares.[170]

> "Como se observa, a quantidade de armas desviadas dos quartéis brasileiros é pequena e seguramente não representa parcela considerável dos arsenais disponíveis nas favelas e morros cariocas (...) a busca e apreensão de armas de fogo de uso restrito – que não tenham sido desviadas das Forças Armadas – é da competência da polícia[171]."

O Ministério da Defesa deixou claro que nem a tropa seria empregada como nas vezes anteriores e nem seriam utilizados Inquéritos Policiais Militares como biombo para uma "intervenção branca."

O problema, na verdade, tinha fácil equacionamento. O pedido feito pela governadora para o emprego de duas brigadas estratégicas, somado à declaração do ministro da Justiça que comparou a situação a uma guerrilha urbana e à ameaça de declaração do Estado de Defesa, mostrava que a situação era delicada. Logo, a solução era a intervenção federal.

Isso implicaria reconhecer a falência da segurança pública no estado, entregue a um virtual candidato a presidência da República em 2006. O governo federal, por sua vez, preferia não submeter a questão ao Congresso Nacional, como determina a lei.[172] Soma-se a isso a vedação legal de serem votadas emendas constitucionais durante a vigência da intervenção federal.[173] E a intervenção, se feita, seria longa: a governadora Rosinha queria que a operação durasse pelo menos até dezembro de 2004. Isso, para não falar nas eleições municipais previstas para outubro daquele ano, quando certamente os candidatos não perderiam a oportunidade de deslocar suas campanhas para o tema.

Sem poder contornar as exigências da lei – intervenção federal formalizada por decreto e sob controle do Congresso –, a tropa permaneceu nos quartéis.

A harmonia constitucional, no entanto, durou pouco. Alguns dias depois, mais uma "intervenção branca" foi realizada com o emprego indevido do Exército, em Minas Gerais, diante da greve da Polícia Militar. E, logo a seguir, outra no Piauí, também pela mesma razão. Em ambos os casos a pedido dos respectivos governadores.

Ao que parece, os entes da Federação não são iguais perante os interesses dos governos. O argumento de que naqueles dois estados foi possível a atuação das tropas federais graças à solicitação dos governantes é inconsistente, pois a governadora do Rio de Janeiro também formalizou o pedido para que o Exército fosse às ruas, inclusive concordando que o comando das operações ficasse com os militares.

O Congresso Nacional, como sempre, permaneceu a reboque das decisões do Executivo. Silentes ficaram o procurador-geral da República e a Ordem dos Advogados do Brasil, mas não a procuradora-geral da Justiça Militar, Maria Ester Henriques Tavares, que encaminhou ofício ao comandante do Exército, general Francisco Roberto de Albuquerque. Referindo-se especificamente à "Nota Conjunta do Governo do Estado do Rio de Janeiro e Governo Federal", a procuradora alertou que "a atuação das Forças Armadas na busca e apreensão de armas e munições de uso restrito será legal desde que, em tese, tal material possa pertencer às Forças Armadas."

Terminava assim mais uma Batalha de Itararé. A que não houve.

O JOGO POLÍTICO E AS FORÇAS ARMADAS

"O Presidente da República tinha o dever de justificar a sua atuação em um Decreto (...) Verdade seja que não é esta a primeira intervenção sem decreto[174]..."

A observação não é recente. Feita por Ernesto Leme, há mais de 70 anos, não saiu de moda. As intervenções sem decreto foram usadas sem parcimônia na Nova República, seguindo exemplo dos presidentes Floriano Peixoto, em 1892, no Rio Grande do Sul; Arthur Bernardes, em 1924, em São Paulo; e Washington Luis, na Paraíba, em 1930.[175]

Agredida com freqüência, a Carta Magna perdeu o critério da longevidade e ganhou, na ironia da boca do povo, o critério da periodicidade. Sem dúvida alguma a elite brasileira, de um modo geral, prefere por conveniência fraudar e não cumprir a Constituição. Para isso, por vezes, é usada a baioneta e não a pena.

Em 1909, Francisco Bernardino da Silva escreveu sobre as intervenções federais e registrou a fragilidade do sistema federativo brasileiro:

"Os militares não dissimulam o seu constrangimento de entrar com a força das armas no dissídio entre compatriotas, podendo ir até o massacre, para se associarem à sorte de oligarquias, porventura odiosas e malfazejas, como se fossem os capangas dos governadores. (...) Eis como a questão federativa prende-se intimamente à questão militar[176]."

Traumatizado com a experiência do Estado Novo (1937-1945), do qual foi um dos condestáveis, o marechal Eurico Gaspar Dutra foi eleito presidente da República (1946-1950) com uma preocupação que ganhou, pela propagação dos seus auxiliares, a dimensão do folclore. A obediência às regras constitucionais era traduzida pela freqüência com que Dutra perguntava: "Está no livrinho?."

Livrinho era uma referência peculiar, mas respeitosa, à Constituição.

O "livrinho" que entrou em vigor em 1988 é claro ao dispor que a União não intervirá nos Estados nem no Distrito Federal. Esse princípio marca as linhas discriminadoras da competência federal e da competência estadual. Desde o momento em que se entra na competência privativa do Estado-membro, dá-se a intervenção.[177] É o caso da Segurança Pública, como determina a Constituição de 1988.

A enumeração das atribuições relativas à Segurança Pública é exaustiva e não exemplificativa. Não pode ser ampliada ou reduzida por mera interpretação do governante. Cabem às polícias militares, subordinadas aos respectivos governadores e nos limites territoriais dos estados, o policiamento ostensivo e a preservação da ordem.[178]

A atuação de forças federais em matéria de segurança pública, mesmo a pedido do governador, interfere na autonomia estadual, pedra angular do princípio federativo. No dizer de Campos Sales, o princípio da autonomia dos estados é o "coração da República." Por isso, a regra é a não-intervenção e o texto constitucional é incisivo: "A União não intervirá nos Estados nem no Distrito Federal." As exceções também estão no livrinho de forma a não deixar dúvidas, seja aos generais, seja aos sociólogos, seja aos metalúrgicos.[179]

Uma das exceções trata da intervenção necessária para "pôr termo a grave comprometimento da ordem pública[180]." Se o quadro concreto mostrar ser indispensável, as Forças Armadas devem ser empregadas, pois a elas compete "a garantia dos poderes constitucionais e, por iniciativa de qualquer destes, da lei e da ordem[181]."

Ao comentar essa hipótese de intervenção federal, Pontes de Miranda é didático:

> "A perturbação supõe a duração dos distúrbios, ainda que descontínuos no tempo, desde que o governo estadual não esteja com aptidão de assegurar, de pronto, a punição normal de todos os atacantes (...)não se entra na indagação dos fins ou objetivos da alteração da ordem, não se pergunta se é feita com intuito de subverter as instituições da organização nacional, ou se com o propósito de derrubar algum poder local, ou se de caráter social, ou, ainda, se a serviço de idéia que tenha base na Constituição. Abstrai-se, inteiramente, de qualquer investigação das causas. O pressuposto é puramente objetivo[182]."

Na primeira Constituição republicana, e apenas nela, o emprego de tropa federal estava condicionado ao pedido dos governadores.[183] A partir da revisão constitucional (1925-1926) foi suprimida a exigência de requisição dos respectivos governos. Com isso a requisição dos governadores deixou de ser pré-requisito para o decreto de intervenção, mas não dispensou o governo federal de agir quando o cenário assim recomendar.

Pontes de Miranda esclarece:

> "As expressões da lei não são pressuposto, mas simples explicitação de que o pressuposto objetivo da alteração grave da ordem é necessário e suficiente, sem qualquer dependência de elemento subjetivo por parte do Estado-membro, ou das próprias populações. (...) A deliberação do Presidente da República é própria e independente de qualquer apreciação prévia pelo Congresso Nacional, ou pelo Poder Judiciário. Se ele exorbita, isto é, se ele intervém sem haver o pressuposto, comete crime de responsabilidade[184]."

Do mesmo modo, também ocorre crime de responsabilidade, aí por omissão, caso os pressupostos para a intervenção estejam presentes e o presidente da República não a decrete, deixando o estado-membro entregue à própria sorte.

No Rio de Janeiro, em 2004, se havia necessidade da atuação do Exército, o presidente da República errou, pois não determinou o emprego da tropa. Em Minas e no Piauí errou novamente, mesmo tendo determinado o envio da tropa para aqueles estados, pois não cumpriu a formalidade essencial de assinatura do decreto interventivo e a comunicação em 24 horas ao Congresso Nacional.

Os atos jurídicos, quando exigida formalidade essencial para seu aperfeiçoamento, como no caso da intervenção federal, não sendo satisfeita tal exigência são nulos de pleno direito.

As normas gerais relativas à organização, ao preparo e ao emprego das Forças Armadas foram estabelecidas inicialmente através da Lei Complementar nº 69, de 23 de julho de 1991. O emprego das Forças Armadas quando necessário para a garantia dos poderes constitucionais, da lei e da ordem, conforme fixado, ocorrerá somente depois de esgotados os instrumentos relacionados na Constituição Federal.

A atuação das Forças Armadas, a partir dessa lei, depende de decisão do presidente da República, por iniciativa própria ou em atendimento a pedido manifestado por qualquer dos poderes constitucionais, através do presidente do Supremo Tribunal Federal ou do presidente do Congresso Nacional. Essa condição foi incluída, por emenda, para evitar interpretação excessivamente ampliada. Impede que qualquer dos integrantes dos poderes constituídos tenha competência para decidir a respeito. Caso assim não fosse, o presidente da República seria transformado em mero cumpridor da decisão de outro poder, eventualmente tomada por autoridade de hierarquia inferior[185].

A motivação para essa emenda partiu da ocupação da Companhia Siderúrgica Nacional, em 1988, por tropas do Exército, chamadas para pôr fim à greve dos funcionários da siderúrgica. A operação resultou na morte de três empregados da empresa.

O problema do envolvimento das Forças Armadas nas questões internas sempre foi motivo de discussões políticas e jurídicas. Com a lei complementar de 1991 esperava-se que tais intervenções, que tanto desgastam a imagem dos militares, tivessem seus contornos bem delineados.

Em meados de 1994, quando da greve dos integrantes da Polícia Federal, o país teve a oportunidade de pôr à prova os parâmetros fixados na lei complementar, e o resultado deixou dúvidas quanto à eficácia dos dispositivos de contenção. As boas intenções foram atropeladas pelos fatos.

Os membros da Polícia Federal paralisaram as atividades durante quase dois meses. Denunciaram uma suposta intransigência do governo por falta de um canal de diálogo e ocuparam as dependências daquela organização, especialmente em São Paulo e Brasília. Em momento algum o governo deu sinais de que cederia às reivindicações. As entrevistas dos líderes grevistas se sucediam pela imprensa diante do silêncio das autoridades.

Em determinado dia, Brasília amanheceu ocupada por tropas do Exército e os noticiários das emissoras de televisão documentaram fartamente a operação militar que contou com pára-quedistas desembarcando de helicópteros, armamento pesado e blindados ocupando posições. Todo aquele aparato foi justificado como meio dissuasório. Uma demonstração de força para inibir qualquer idéia de reação por parte dos grevistas.

A greve cessou. Alguns dias depois o Supremo Tribunal Federal declarou ilegal qualquer paralisação coletiva de servidores públicos, até que o Congresso Nacional votasse a lei complementar mencionada na Constituição da República.[186]

Resta a pergunta: a intervenção do Exército na greve dos agentes federais, nas circunstâncias em que foi realizada, se justificava? E, ainda, a decisão estava amparada no "livrinho"?

Os militares agiram por ordem do presidente da República, Itamar Franco. Mas a determinação presidencial estava respaldada legalmente?[187] A resposta é óbvia – não! – pois o presidente da República nem mesmo chegou a acionar os mecanismos de que dispunha para fazer frente à greve. Essa situação abre um buraco de indefinições e suposições institucionalmente perigosas.

Os comandantes militares deveriam cumprir a determinação presidencial diante da constatação de que não foram esgotados os instrumentos próprios, ou deveriam se negar a intervir sob o argumento de que a ordem era ilegal?

Certamente não caberia – na regra necessária ao funcionamento das decisões militares – a recusa ao cumprimento da ordem, sob pena de se ver transferido para a tropa o exame da legalidade das ordens transmitidas pela cadeia hierárquica. O jurista Miguel Seabra Fagundes não faz ponderações. É incisivo quanto à obediência:

> "a força que não obedece e que discute, em vez de ser uma garantia da honra e da segurança nacional, constitui-se um perigo público (...) deslocando (...) o exercício da soberania dos três poderes estatais para as corporações armadas[188]."

Entretanto, a falta de posição clara dos escalões superiores para orientar a tropa pode inspirar a manifestação indesejável de lideranças paralelas como ocorreu em 1922. O presidente do Clube Militar, marechal Hermes da Fonseca, telegrafou ao comandante da 6ª Região Militar a respeito do emprego do Exército em Pernambuco:

> "(...) contristado pela situação angustiosa em que se encontra o Estado de Pernambuco, (...) e que dão ao nosso glorioso Exército a odiosa posição de algoz do povo pernambucano, venho fraternalmente lembrar-vos que mediteis (...) para isentardes o nosso nome e o da nobre classe a que pertencemos. (...) Não esqueçais que as situações políticas passam e o Exército fica[189]!"

A reação do presidente da República, Epitácio Pessoa, foi rápida e no dia seguinte determinou o fechamento do Clube Militar por seis meses, em meio a uma crise que desembocou no levante da guarnição do Forte de Copacabana e que ficou conhecido como "Os 18 do Forte[190]."

Ao definir o papel das Forças Armadas, a Constituição de 1988 retirou a cláusula "dentro dos limites da lei", presente desde a primeira constituição republicana de 1891. [191] A decisão do constituinte de 1988, nesse ponto, não mudou o entendimento de que não podem os subordinados discutir as ordens dos superiores, mesmo porque as Forças Armadas continuam sob a autoridade do presidente da República, a quem não é permitido transitar fora dos limites da lei. Essa é a teoria.

Caso a ordem do superior tenha por objeto a prática de ato manifestamente criminoso, ou houver excesso nos atos ou na forma da execução, também o subordinado responderá penalmente.[192]

Havendo ordem do presidente da República e do ministro da Defesa para intervenção federal sem respeito à Constituição, ocorrerá, em tese, crime de responsabilidade.[193] Mas na certa não será uma ordem identificável com facilidade como "manifestamente criminosa" se aferida pelos escalões subordinados.

A Argentina viveu momentos de grandes debates após o término da ditadura militar na década de 1980 e tentou colocar um ponto final na questão com a "lei da obediência devida":

> "em tais casos se considerará de pleno direito que as pessoas mencionadas atuaram em estado de coação por subordinação a autoridade superior e em cumprimento de ordens, sem faculdade ou possibilidade de análise, oposição ou resistência a elas quanto a sua oportunidade e legitimidade[194]."

O problema é complexo e não deve ser analisado apenas sob o ângulo político ou jurídico. Não sendo legal a ordem de intervenção antes de esgotados os recursos previstos na Constituição, certamente não será legítima, o que faz penetrar no campo da ética. O professor norte-americano Richard T. DeGeorge, ao propor um Código de

Ética para Oficiais, sustentou que um dos pontos capitais é o mandamento: "Obedecerei a todas as ordens legítimas, porém somente as ordens legítimas[195]."

No entanto, seria esperar demais que os generais se recusassem a fazer a demonstração de força que fizeram quando da greve da polícia federal brasileira em 1994. A justificá-los não apenas a determinação do presidente da República, um civil, mas a aprovação da opinião pública, já saturada com as manifestações de rebeldia dos policiais federais e os transtornos que as repetidas greves de servidores públicos vinham causando.

Quando se trata de tocar em certas suscetibilidades do poder militar, a história da República mostra que, apesar de os presidentes se sucederem no necessário rodízio democrático, certos vícios são reeleitos sem limites.

Em outubro de 1996, o presidente Fernando Henrique Cardoso autorizou o envio de mais de mil soldados do Exército para ocupar a sede da Companhia Vale do Rio Doce, no sul do Pará. Foram presos 12 líderes de garimpeiros do chamado Movimento Pela Libertação de Serra Pelada.[196]

O fato ganha mais significado se considerado que, desde agosto, dois meses antes, a medida já era cogitada pelo governo e a requisição de tropas federais partiu do juiz de Curionópolis, pequeno município próximo ao garimpo, atropelando literalmente a exigência de iniciativa por parte do chefe de um dos três Poderes da República.

Em julho de 2000, foi a vez do Movimento dos Trabalhadores Rurais Sem Terra (MST) servir como pretexto para a atuação dos militares, quando seus integrantes ameaçaram ocupar uma fazenda, de familiares do presidente Fernando Henrique Cardoso, na cidade de Buritis (MG).

Os argumentos utilizados pelo governo para justificar o acionamento dos militares foram muitos. Mas a operação não foi pedida nem aceita pelo governador mineiro. Itamar Franco discordou.[197] Protestou contra o que considerou – e de fato era – uma ofensa à autonomia dos estados e deixou claro em fax enviado ao presidente da República que "a ordem pública em Minas Gerais é competência das polícias Militar, Civil e do Ministério Público[198]."

O Partido dos Trabalhadores ajuizou uma ação popular pelo uso indevido dos militares para a defesa da fazenda. O presidente Fernando Henrique Cardoso foi condenado em primeira instância pela Justiça Federal.[199]

O emprego das Forças Armadas na garantia da lei e da ordem – situação já absorvida pelos militares com a abreviatura GLO – aos trancos e barrancos toma contornos mais nítidos, porém nem sempre muito precisos.

No início do século XXI – o 112º da existência da República brasileira –, em agosto de 2001, o presidente Fernando Henrique Cardoso fixou por decreto as diretrizes para o emprego das Forças Armadas na garantia da lei e da ordem, extraindo os fundamentos de um parecer elaborado pela Advocacia-Geral da União.[200]

Como se constituinte fosse, o presidente da República conferiu poder de polícia às Forças Armadas, "sempre que se faça necessário, desenvolver as ações de polícia (...) que se incluem na competência (...) das Polícias Militares[201]."

A inconstitucionalidade é flagrante. No mais, o decreto passeia pelo óbvio, repetindo os termos da Constituição e da Lei Complementar. Semeia mais dúvidas do que certezas. Chega a deixar dependente da anuência do governador do Estado o emprego da Polícia Militar, sob o controle operacional do comando militar federal.[202]

Ao dizer que nos casos de intervenção federal serão editadas diretrizes específicas, o decreto deixou visível seu objetivo: descaracterizar, como intervenção federal, o emprego das Forças Armadas na ordem interna.[203]

Em resumo: sob o pretexto de regulamentar a lei complementar, o decreto criou uma nova forma de intervenção federal e atribuiu poder de polícia às Forças Armadas. Um exercício de Poder Constituinte ilegítimo, com o silêncio conivente do Congresso Nacional.

A edição desse decreto constitui também um exemplo didático do chamado "abuso do Poder de Regulamentar" por parte do Executivo. Geraldo Ataliba, consagrado constitucionalista, assim se refere sobre o abuso do poder de regulamentar:

> "Não tolera a nossa Constituição que o Executivo exerça nenhum tipo de competência normativa inaugural (...). Essa seara, foi categoricamente reservada aos órgãos da representação popular. (...) Se a tal conclusão não foi levado o intérprete, (...) certamente esbarrará no princípio da legalidade (...): ninguém, nenhuma pessoa, nenhum sujeito de direito será constrangido por norma que não emane do legislador[204]."

O mestre Pontes de Miranda trata do mesmo tema:

> "(...) regulamentar além do que se pode segundo o conceito da Constituição, é infringir a Constituição: quando o Poder Executivo, regulamentando, vai além da lei, ou diminui o campo de incidência da lei, não comete, apenas, ilegalidade, usurpa função de outro poder, o Poder Legislativo[205]."

A competência do Poder Executivo está restrita à **r**egulamentação. O conceito de "regulamento" é inequívoco: "Por ele, instituem-se regras de execução, não de legislação." Não se confunde com "regular" – do latim *regulare*, de *regula* (regra) – que, em sentido jurídico, exprime a idéia de legislar ou de estabelecer nova ordem jurídica "mediante instituição de regras ou princípios disciplinadores dos fatos ou das coisas[206]."

O decreto atribuiu competência às Forças Armadas, para o exercício de atividade que a Constituição diz ser das polícias militares. Transferiu o comando daquelas corporações para a autoridade federal, enquanto a mesma Constituição impõe que a responsabilidade sobre aqueles órgãos é do governador do estado. Logo, não regulamentou e sim regulou. Criou regra jurídica, invadiu a autonomia estadual, exorbitou da competência à qual estava restrito, fulminou o princípio federativo consagrado na Carta Magna.

Diante de abuso do poder de regulamentar praticado pelo Poder Executivo, o Congresso pode resolver o problema, socorrendo-se da Constituição. Ela é bem clara: "É da competência exclusiva do Congresso Nacional sustar os atos normativos do Poder Executivo que exorbitem do poder regulamentar ou dos limites de delegação legislativa[207]."

A inconstitucionalidade desse decreto, no episódio da "Guerra da Rocinha", fez com que as atenções se voltassem para um projeto de lei complementar sobre a organização e o emprego das Forças Armadas.[208] O texto original do projeto tinha como objetivo principal o uso do Exército na repressão ao crime organizado, principalmente ao tráfico de entorpecentes e de armas, nas áreas de fronteira. Já vinha marcado, no entanto, pelo pecado original. Foi apresentado por um senador e a matéria nele tratada é da competência do presidente da República. Também atropelava a competência da Polícia Federal, cujas ações – por falta de agentes, de apoio ou de recursos, mas, também, por omissão e cumplicidade de muitos – têm sido ineficazes.

Além do mais, as soluções apresentadas atacavam o efeito e não a causa. Se a Polícia Federal, a quem cabe a repressão aos crimes fronteiriços, está desaparelhada, a solução está em corrigir essa deficiência e não transferir a responsabilidade para as Forças Armadas.

Fica evidente que entre lotar maior número de agentes e delegados da polícia federal na região amazônica e determinar que o mesmo trabalho seja feito por um pelotão do Exército, com um salário modestíssimo e sem diárias, o governo prefere a solução aparentemente mais barata, se considerado apenas o dinheiro gasto. Mas qual será o custo de empurrar o problema para a caserna de uma forma que amplia e distorce suas atribuições?

Na Comissão de Relações Exteriores e Defesa Nacional do Senado, foi aprovada uma emenda ao projeto sobre o emprego das Forças Armadas. Para o relator, "as verdadeiras ações de guerrilha urbana, com o emprego até de armamento pesado (…)" indica que a "cooperação das Forças Armadas deve (…) ser ampliada[209]."

O comandante do Exército festejou: "Era o que faltava." Ele identificou no texto "o suporte legal necessário para que as forças possam cumprir sua missão constitucional[210]." Legalidade não. A concessão do poder de polícia cabe ao Poder Constituinte. Nem o Executivo nem o Legislativo têm atribuição para isso. Portanto, a lei complementar, aprovada em setembro de 2004, não é um suporte legal.

Isso para não falar do vício de iniciativa que pesa sobre aquela lei, uma vez que cabe ao presidente da República, privativamente, apresentar projetos que tratem das atribuições das Forças Armadas e o projeto foi apresentado por um senador. Essa discussão surgiu na Câmara dos Deputados, mas foi sufocada pela indiferença da maioria.

Proposta semelhante – atribuir poder de polícia às Forças Armadas – foi apresentada na Comissão de Segurança Pública e Combate ao Crime Organizado, Violência e Narcotráfico na Câmara de Deputados. Lá também foi apontada a inconstitucionalidade pelo vício de iniciativa.[211]

O que se constata, na lei complementar, é um verdadeiro festival de ilegalidades. Começa com a usurpação pelo autor do projeto – um senador – de ato privativo do presidente da República. Segue com a atribuição de poder de polícia para as Forças Armadas e vai até a confusa definição da autoridade que deve reconhecer a necessidade do emprego dos militares.

O texto agora em vigor considera "esgotados os instrumentos relacionados no Art. 144 da Constituição Federal quando, (...) reconhecidos pelo respectivo Chefe do Poder Executivo Federal ou Estadual como indisponíveis, inexistentes ou insuficientes[212]."

Sabe-se que "o poder de polícia federal é exercido pelo presidente da República, (...) e o poder de polícia estadual é exercido pelo governador[213]." O texto adotado, no entanto, deixa dúvidas sobre a autoridade responsável pela declaração de estarem esgotados os mecanismos constitucionais.

Instalado o caos em um dos estados da Federação, o presidente da República dependerá de manifestação do governador daquele estado, ou deve agir para garantir a lei e a ordem? A posição repetidamente divulgada pelas autoridades federais tem sido a de somente mandar a tropa depois do pedido dos governadores. Isso implica fragilizar a própria União e possibilita o surgimento de situações críticas sem que se tenha uma autoridade diretamente responsável.

Não é só. Outra inconstitucionalidade é a transferência do controle operacional dos órgãos de segurança pública para a autoridade encarregada das operações.[214]

É indiscutível que o comando das operações deve ficar com uma autoridade federal. Não faz sentido deixar a responsabilidade exatamente nas mãos de quem não teve condições de manter a ordem no território. O obstáculo a ser superado está na distribuição das atribuições do poder de polícia regrado na Constituição, que subordina as polícias militares aos respectivos governadores estaduais.[215]

A própria Constituição tem o remédio. Ele está no artigo 34, na parte em que admite, excepcionalmente, a quebra da autonomia estadual. Agrade ou desagrade: intervenção federal.[216]

Mais uma gritante anomalia está em atribuir poder de polícia ao Exército na faixa de fronteira terrestre. Um ano antes, em 2003, foi rejeitada uma proposta de emenda constitucional visando atribuir poder de polícia às Forças Armadas para repressão aos ilícitos fronteiriços.[217] O relator foi no olho do problema:

> "Entretanto, se por detrás da expressão "por iniciativa do Presidente da República" (...) houvesse intenção outra que não o emprego das Forças Armadas em momentos de crise e, mesmo assim, quando esgotados todos os meios, estaríamos desperdiçando recursos na adaptação destas – que poderiam ser aplicados naqueles órgãos que, constitucionalmente, têm o dever de zelar pela segurança pública –, e, o que é pior, desviando as Forças Armadas da principal missão que a Carta Magna lhes confiou[218]."

A modificação incluída pela nova lei complementar atribuiu ao Exército atuação preventiva e repressiva contra delitos transfronteiriços e ambientais, por meio de patrulhamento, revista de pessoas e veículos e prisões em flagrante.[219]

Mais uma vez a Constituição foi atropelada sem qualquer cerimônia. A prevenção e a repressão de crimes na faixa de fronteira, assim como os delitos ambientais, cabem à Polícia Federal, por determinação expressa da Constituição. É inconstitucional, portanto, essa parte da lei complementar que deu competência ao Exército para "atuar isoladamente" nesses casos.

Mesmo sendo o presidente da República a autoridade que detém o poder de polícia federal no mais alto nível e também o comandante-em-chefe das Forças Armadas, não pode ele transferir as atribuições de uma para outra das instituições. Nem o Congresso Nacional pode fazê-lo. A barreira intransponível é a Constituição, que fixou as missões que cabem a cada uma delas. As Forças Armadas no artigo 142 e a Polícia Federal no artigo 144.

> "(...) é flagrantemente inconstitucional atribuir à polícia federal quaisquer atividades extrapoladoras do rol preciso de tarefas capitulado pela Constituição[220]."

A interpretação deve ser a mesma quando a migração de atribuições se faz dos órgãos de segurança estaduais ou federais para as Forças Armadas.

As formas até aqui utilizadas para o uso político das Forças Armadas, eufemisticamente denominadas de convênio, acordo, protocolo, etc., são inadequadas, uma vez que o fim visado é ilícito, ou seja, burlar a Constituição.

OS NOVOS CAPITÃES-DO-MATO

Diante das freqüentes ordens para botar a tropa na rua, os militares trataram de planejar o adestramento dos efetivos para emprego em "situação de normalidade"[221]. Na verdade, apenas mais uma maneira de escamotear nas relações entre a União e os Estados. Mesmo em ocasiões em que se faz necessária a intervenção federal, o Estado de Defesa ou de Sítio, a situação é de normalidade, ainda que de excepcionalidade. A anormalidade ocorre quando a autoridade pública atua fora dos parâmetros fixados na Constituição.

O que se tem observado nos últimos anos é a banalização do emprego das Forças Armadas para enfrentar problemas policiais. É de se indagar como fica a auto-estima militar, vendo as Forças Armadas transformadas em força auxiliar das polícias militares, em completa inversão dos papéis.

O aumento da criminalidade em certos momentos é capaz de causar comoção social. Não é essa, entretanto, a abrangência nem o sentido visado pela Constituição para afastar o princípio da autonomia dos estados e autorizar o emprego das Forças Armadas. Todas essas situações, sem exceção, se circunscrevem à esfera policial.

Porém, se o governador não consegue administrar com eficiência – a polícia é subordinada a ele –, a solução a ser adotada é política e não militar. Os poderes Legislativo ou Judiciário do estado, por exemplo, podem promover o afastamento do administrador incompetente ou corrupto.

Quando a República ainda engatinhava, Rui Barbosa enfrentou o problema. Descreveu um cenário de crise...

> "Comoção, generalizada e permanente, estamos atravessando, pelo pânico financeiro e pelos apetites perigosos, estimulados, em certas classes, com a crise alimentícia. Violentas impressões de pavor, geradas por circunstâncias inofensivas, que a imaginação agiganta, suscitam à vezes comoções públicas, das mais fortes. E casos há, em que um simples fato individual, a atrocidade de um crime, a insolência de um abuso de poder produzem na alma popular comoções intensas e extensas.

E apontou a solução...

> Mas nenhuma dessas é a comoção intestina, que a Constituição quis precisar. Por quê? Porque contra essas comoções não faltam ao Governo, nos meios ordinários, ponto de resistência eficaz. Porque, diante delas, a República não se sente insegura. Porque, se adaptarmos ao vago da frase "comoção intestina" toda essa variedade de situações, normalmente remediáveis, a sorte dos direitos da liberdade ficará entregue, doravante, às cambiações caprichosas de luz e sombra na imaginação do Governo"[222].

Passado mais de um século, a insanidade do Poder permanece.

Em qualquer hipótese, sendo reconhecida a necessidade de atuação das Forças Armadas, a situação será de excepcionalidade e o decreto de intervenção federal é indispensável.

As imperfeições do decreto presidencial que fixou as diretrizes para o emprego das Forças Armadas não passaram despercebidas aos olhos dos militares. Um deles se manifestou – certamente não pensou sozinho – e apontou as conseqüências danosas para a instituição militar:

> "(...) alterar o papel constitucional das Forças Armadas, para utilizá-las, indiscriminadamente, no combate à criminalidade, não vai resolver o problema da insegurança pública e, ainda, vai destruir sua estrutura organizacional e especificidades técnicas e profissionais (...)[223]."

Sob o incentivo da ação dos traficantes do Rio de Janeiro, durante a Semana Santa de 2004, e diante da vulnerabilidade em que ficaria o governo federal com a continuidade das "intervenções brancas" nos estados, outras alternativas foram tentadas para empregar as Forças Armadas no combate à violência.

O Exército, para não ser obrigado a realizar operações com tropas sem o adestramento adequado, intensificou a instrução e transformou a 11ª Brigada de Infantaria Blindada, sediada em Campinas/SP, em unidade de infantaria motorizada.

À nova Unidade, denominada "11ª Brigada de Infantaria Leve – Garantia da Lei e da Ordem", foi atribuída, como missão adicional, a preparação para emprego dos soldados em missões de garantia da lei e da ordem, inclusive com a utilização de material especializado, como armas não-letais, capacetes, escudos, etc.[224]

Chega a ser surpreendente. O governo federal criou uma brigada de infantaria especificamente para intervir nos estados da federação, em situações de normalidade, para garantir a lei e a ordem...

Nesse ponto talvez os militares estejam cobertos de razão. Cabe às Forças Armadas a garantia da lei e da ordem interna, por mandamento constitucional. Logo, é compreensível que o Exército tenha uma Unidade operacional especializada em combater os próprios brasileiros.

Essa missão constitucional dos militares vem de longe. Vem de berço.

Constituição	Missão das Forças Armadas
1824	Art. 145. Todos os Brazileiros são obrigados a pegar em armas, para sustentar a Independencia, e integridade do Imperio, e defendel-o dos seus **inimigos externos, ou internos.** (...) Art. 148. Ao Poder Executivo compete privativamente empregar a Força Armada de Mar, e Terra, como bem lhe parecer conveniente á Segurança, e defesa do Imperio.
1891	Art 14 - As forças de terra e mar são instituições nacionais permanentes, **destinadas** à defesa da Pátria no exterior e **à manutenção das leis no interior.**
1934	Art 162 - As forças armadas são instituições nacionais permanentes, e, dentro da lei, essencialmente obedientes aos seus superiores hierárquicos. **Destinam-se a defender** a Pátria e garantir os poderes constitucionais, **a ordem e a lei.**
1937 (*)	Art 161 - As forças armadas são instituições nacionais permanentes, organizadas sobre a base da disciplina hierárquica e da fiel obediência à autoridade do Presidente da República.
1946	Art 176 - As forças armadas, constituídas essencialmente pelo Exército, Marinha e Aeronáutica, são instituições nacionais permanentes, organizadas com base na hierarquia e na disciplina, sob a autoridade suprema do Presidente da República e dentro dos limites da lei. Art 177 - **Destinam-se** as forças armadas a defender a Pátria e **a garantir** os poderes constitucionais, **a lei e a ordem.**
1967	Art 92 - As forças armadas, constituídas pela Marinha de Guerra, Exército e Aeronáutica Militar, são instituições nacionais, permanentes e regulares, organizadas com base na hierarquia e na disciplina, sob a autoridade suprema do Presidente da República e dentro dos limites da lei. § 1º - **Destinam-se** as forças armadas a defender a Pátria e **a garantir** os Poderes constituídos, **a lei e a ordem.**
1988	Art. 142. As Forças Armadas, constituídas pela Marinha, pelo Exército e pela Aeronáutica, são instituições nacionais permanentes e regulares, organizadas com base na hierarquia e na disciplina, sob a autoridade suprema do Presidente da República, e **destinam-se** à defesa da Pátria, **à garantia** dos poderes constitucionais e, por iniciativa de qualquer destes, **da lei e da ordem.**

(*) A única Carta Magna que não atribuiu aos militares, explicitamente, a missão de garantir a lei e a ordem internamente, foi a de 1937, outorgada por Getúlio Vargas.

Assim, no mês de novembro de 2004, o governo criou, por decreto, uma brigada para garantia da lei e da ordem. Enquanto isso, o ministro da Justiça, Márcio Thomas Bastos, do mesmo governo, atuava em outra frente com vistas à criação de uma força a ser constituída por policiais militares de todos os estados e policiais federais. A previsão inicial era a de reunir um efetivo de 1.500 policiais vindos de vários estados. Após o treinamento voltariam aos estados de origem, onde permaneceriam até serem convocados. O efetivo total previsto era de 10.500.[225]

O plano se mostrou atraente para o governo na medida em que contornava o problema da intervenção federal. Ao mesmo tempo livrava as Forças Armadas do inconveniente de empregar os militares em missão policial.

Em novembro de 2004, foi criada a Força Nacional de Segurança Pública (FNSP).[226] A rigor não é um órgão do sistema de segurança pública da União, pois só poderá atuar nos estados que aderirem ao programa.[227]

A estréia da FNSP foi no estado do Espírito Santo, em substituição às tropas do Exército. Dez ônibus foram incendiados em terminais rodoviários na região metropolitana de Vitória-ES e o governador, Paulo Hartung (PSB), atribuindo os atentados a organizações criminosas, pediu o envio de tropas do Exército.

O improviso ficou tão visível que o anúncio do emprego de 150 homens da Força Nacional na capital capixaba foi feito antes mesmo da assinatura do decreto de criação da FNSP.

Dois estados, no entanto, não participaram da composição da primeira turma – São Paulo e Rio de Janeiro. Não faltou quem identificasse na criação da Força Nacional "a formação de uma guarda pretoriana, que se superponha aos poderes constituídos, servindo não à Nação, (...) o que parece ser o sonho dourado dos atuais governantes[228]."

O uso de um contingente formado por policiais militares subordinados à autoridade federal, para atuação em crises de maior gravidade em qualquer estado da Federação, já havia sido cogitado durante o governo do presidente Fernando Henrique Cardoso. Em meados de 2001, após as greves dos policiais militares da Bahia e do Tocantins e diante do risco de que o movimento se alastrasse, o governo federal se reuniu em Brasília com 11 governadores estaduais.[229] Não houve consenso sobre como seria o modelo de organização da força que pretendiam criar.

A FNSP, criada em 2004, nasceu como modelo, mas com vícios próprios da forma improvisada como foi tratada a questão. Mais um coelho tirado da cartola pelos juristas de plantão. Criaram uma nova "federação", onde cada estado sai ou entra segundo os interesses políticos do momento.

Basta esperar para ver o pleno funcionamento da Força Nacional. Isso porque, aqui e ali, vão aparecer problemas, alguns muito graves. Um exemplo: a regra inicial para fixação da competência é que o crime seja julgado no local em que foi praticado. No caso de crime cometido por integrante da Força Nacional, sendo o autor policial militar de estado diverso daquele em que foi praticado o crime, será ele julgado pela justiça militar do estado onde estava atuando? Outro combustível que pode disseminar insatisfação é a defasagem salarial entre as polícias militares dos estados da federação. Em uma operação com o emprego de policiais militares de vários estados certamente as comparações serão feitas e as diferenças ganharão mais visibilidade.

Certamente o uso político das Forças Armadas não se restringe em mandar que os militares atuem para solucionar crises na segurança pública dos estados. Diante de qualquer agravamento nesse campo, as Forças Armadas são lembradas como curinga num jogo de cartas. No caso, o jogo político.

Foi assim, por exemplo, com a regulamentação da chamada Lei do Abate, que autoriza a derrubada de aviões que invadam o espaço aéreo brasileiro. O curinga, nesse caso, foi a Força Aérea Brasileira, utilizada para combater o narcotráfico. Durante anos o assunto foi discutido, à exaustão, sem faltar as costumeiras pressões dos norte-americanos, com ameaça de cortes no programa de ajuda financeira para determinados projetos.[230]

Já na assinatura do decreto foi abatida a primeira vítima: o Direito.[231]

O texto aprovado não deixa qualquer dúvida de que os alvos são apenas as aeronaves que venham "de regiões reconhecidamente fontes de produção ou distribuição de drogas ilícitas." Não trata de armas e outras mercadorias.

Para piorar a situação, o ministro da Defesa comparou a autorização para derrubada de aeronaves à ação policial nos casos de resistência à prisão, o que pode estimular um raciocínio perigoso. Se a Força Aérea Brasileira pode destruir o veículo utilizado como meio de fuga pelo traficante, a polícia vai querer fazer o mesmo com o cidadão que, desavisadamente, não pare o carro durante uma *blitz* policial.

Outro problema a ser enfrentado pelos pilotos da FAB – a exemplo do Exército quando é mandado às ruas – é a questão do foro competente para julgamento no caso de morte de civis pela destruição da aeronave suspeita.

Nesse sentido, em 1996, sensível às pressões de organizações não-governamentais – algumas delas estrangeiras –, o presidente Fernando Henrique Cardoso sancionou a Lei nº 9299, com ampla divulgação.

Segundo o novo diploma legal, os crimes dolosos contra a vida praticados por militares contra civis passaram a ser julgados pelo tribunal do júri. Reivindicação há muito perseguida pelas entidades defensoras dos direitos humanos, que encaram a mudança como solução para reprimir violência praticada por policiais militares.

O legislador pecou por ter esquecido que, para transferir a competência de tais crimes para a justiça comum, deveria antes descaracterizar tais crimes como de natureza militar, e considerá-los como crimes comuns.

Apenas 13 dias após sancionar a Lei nº 9299, o Executivo encaminhou projeto de lei ao legislativo e justificou na Exposição de Motivos:

> "Por essa norma compete à Justiça Comum o processo e julgamento de crimes dolosos contra a vida de civil praticados por militar (...) Ora, a Constituição Federal é de clareza cristalina: compete à Justiça Militar processar e julgar os crimes militares definidos em lei. (...) Como admitir-se, então, a nova lei, se a inconstitucionalidade é um vício insanável?"

Por incrível que pareça, o mesmo presidente da República que sancionou a lei, poucos dias depois, reconheceu a inconstitucionalidade dela. E voltou ao legislativo com Exposição de Motivos do ministro da Justiça, Nelson Jobim, que antes apoiava a mudança do foro.

Logo a seguir o ministro Nelson Jobim foi alçado à mais alta Corte de Justiça do país e o Supremo Tribunal Federal decidiu, com o voto dele, pela constitucionalidade da lei, "não obstante sua forma imperfeita[232]."

Curioso, patético mesmo, é que Nelson Jobim votou pela constitucionalidade da lei. Mudou, mais uma vez, o entendimento a respeito do assunto.

De útil, pelo menos, a explicação – no voto do ministro Nelson Jobim – de que o projeto de lei encaminhado inicialmente ao Congresso previa a mudança para a justiça comum apenas dos crimes cometidos por policiais militares. Isso provocou "uma oposição ferrenha das Polícias Militares (...) e acabou finalmente numa solução política", com a adoção do parágrafo que remete para a justiça comum, indistintamente, todos os crimes dolosos contra a vida praticados por militares contra civis, sejam os autores das Forças Armadas ou policiais militares.

Duas questões sempre preocupam os militares quando a tropa é mandada às ruas. Os ilícitos praticados por civis contra os militares e os praticados pelos militares contra os civis, nessa hipótese os dolosos contra a vida, cujo julgamento passou a ser feito pela justiça comum.

O problema do julgamento dos militares pelo júri poderia ter sido solucionado – essa era a expectativa dos comandantes – com uma nova lei. O Legislativo bem que tentou, quando passou a considerar que os militares quando atuam na garantia da lei e da ordem exercem atividade militar.[233]

A intenção foi fazer voltar ao foro militar o julgamento dos crimes dolosos praticados por militares contra a vida de civil. Mas a redação, ao que parece, não afasta a incidência do parágrafo único.[234]

A conclusão inevitável é que mesmo quando estiver em atividade militar, em serviço, em qualquer situação, enfim, ao praticar crime doloso contra a vida de civil o militar será julgado pela justiça comum. Inclusive quando abater uma aeronave civil.

A inovação poderá servir, quando muito, para o julgamento de civis pela Justiça Militar, caso cometam crime cujo ofendido seja um militar, durante o desenrolar das operações.[235]

SERVIÇO MILITAR A SERVIÇO DO CIDADÃO

Em 2004 foi lançado pelo governo Lula um programa para a incorporação de mais 100 mil jovens às fileiras das Forças Armadas. A previsão para a primeira etapa, ainda naquele ano, foi de 30 mil incorporações, além do efetivo fixado para o serviço militar obrigatório. Para fazer face aos novos encargos, o governo descontingenciou do Orçamento R$ 220 milhões para esse Serviço Militar Especial, como passou a ser chamado.

Denominada Programa Soldado-Cidadão, a iniciativa foi integrada ao Programa Nacional Primeiro Emprego (PNPE), com o objetivo de dar aos voluntários selecionados uma formação profissional que facilitasse, após o licenciamento, acesso ao mercado de trabalho.

Em 2002, último ano da administração de Fernando Henrique Cardoso, 40 mil recrutas foram licenciados antes de completarem a formação militar. O argumento dos comandantes para justificar a dispensa prematura foi o da absoluta falta de verbas, até mesmo para alimentação, provocada pelos sucessivos contingenciamentos determinados pela área econômica. Os militares ainda estavam se adaptando ao novo arrocho orçamentário quando receberam a ordem para incorporar os 30 mil conscritos do Programa Soldado-Cidadão.

Ainda que louvável a preocupação do governo nesse campo, é evidente que se tratou de mais uma boa intenção que, guiada pelo improviso, foi para o inferno.

Uma visão distorcida do fenômeno do desemprego e da marginalidade que se oferece ao jovem como opção mais atraente, por vezes a única.

Como se vê, mais uma vez as Forças Armadas, com um pouco mais de sutileza, são utilizadas como curinga no jogo político.

A previsão de que a educação, direito de todos e dever do Estado e da família, consta na Constituição, mas não no capítulo que trata das Forças Armadas.[236] Tal programa estaria melhor se entregue aos verdadeiros responsáveis, nos ministérios da Educação, da Cultura e do Trabalho.[237]

Mas o Executivo não está sozinho na busca de soluções milagrosas para os problemas que enfrenta, através das Forças Armadas. O Legislativo também promove essa distorção. Andou por lá, felizmente sem sucesso, uma proposta para dar prioridade à "incorporação de menores infratores para prestação do serviço militar, (...) num último esforço, para a recuperação social de jovens (...)[238]."

A solução, certamente, não está em incorporar às Forças Armadas o jovem carente, seja ele infrator ou não, mas, sim, incorporá-lo à sociedade.

No ano 2000, durante os trabalhos preliminares para a organização de um simpósio sobre Ética Militar, pesquisadores do Centro de Estudos de Direito Militar (CESDIM) foram surpreendidos ao constatar uma mudança significativa no perfil dos acusados de crimes militares na 1ª Circunscrição Judiciária Militar, que compreende os estados do Rio de Janeiro e Espírito Santo.[239]

A compulsão dos processos julgados na Justiça Militar da União mostrou que, em épocas passadas, o destaque eram os crimes de deserção e insubmissão, delitos considerados de menor gravidade em tempo de paz.[240] A novidade identificada na pesquisa ficou por conta do aumento de outros crimes militares (59%) frente às deserções e insubmissões (41%).

Mais impressionante ainda foi constatar que no universo de 59% dos crimes, afastadas deserções e insubmissões, os crimes considerados infamantes (roubo, extorsão, homicídio qualificado, latrocínio, estelionato, etc.) representavam 71%, frente a 29% daqueles menos graves, como os culposos, por exemplo.[241]

A pesquisa elegeu três momentos sensíveis em relação ao serviço militar: a seleção dos conscritos, para evitar a incorporação de voluntários já ligados ao tráfico; a cooptação de soldados pelo crime organizado durante a prestação do serviço militar; e a desmobilização após o licenciamento das fileiras.

O estudo, denominado "Serviço Militar a Serviço do Cidadão", foi desenvolvido a partir de dois pontos: Segurança Pública e Forças Armadas. A Segurança Pública, pelas dificuldades dos governos estaduais no enfrentamento da questão, em especial nos grandes centros urbanos. As Forças Armadas, por serem freqüentemente usadas na garantia da lei e da ordem.

A proposta é um programa da sociedade, de natureza permanente, e não um programa de governo, cuja continuidade fica sujeita à alternância dos detentores do poder.

O objetivo do programa Serviço Militar a Serviço do Cidadão é o de alcançar o equilíbrio entre as demandas sociais e as ações em curso, na União, nos Estados, nos Municípios e na Sociedade Civil.

O desafio está em identificar a maneira mais eficiente do emprego dos militares em apoio às ações governamentais, inclusive na Segurança Pública, sem desvirtuar a missão constitucional das Forças Armadas. Ao mesmo tempo, tratar o problema da incorporação nas Forças Armadas de jovens já comprometidos com o crime e a cooptação de militares, seja durante o serviço ativo, seja após o licenciamento pela conclusão do tempo de serviço.

Embora esses temas sejam tratados com discrição, os militares têm conhecimento da gravidade da situação. Em julho de 1991, o general Ângelo Baratta Filho, comandante Militar do Leste, elaborou Diretrizes e alertou para:

> "(...) o elevado número de ilícitos penais que, nos últimos anos, têm envolvido militares de todos os postos e graduações e a ocorrência sistemática de furtos de armas em Organizações Militares do Exército, com a notória ingerência de elementos vinculados ao narcotráfico."

A adoção de medidas mais eficientes no controle do armamento serviu para manter estabilizado em níveis significativamente reduzidos o desvio de armas nos quartéis, conforme levantamento feito na Escola de Comando e Estado-Maior do Exército.[242]

ARMAS	1998	1999	2000	2001	TOTAL ROUBADAS FURTADAS	TOTAL RECUPERADAS
FAL	04	09	13	04	30	*12
PÁRA-FAL	02	-------	-------	04	06	*06
PISTOLA	13	15	08	04	40	*16
MOSQUEFAL	03	01	-------	01	05	*02
TOTAL	22	25	21	13	81	*36

Fonte: Gabinete do Comandante do Exército

* Referem –se às recuperações de armamentos ocorridas nos anos de 2000 e 2001.

O foco principal do Programa "Serviço Militar a Serviço do Cidadão" consiste justamente em uma mudança de paradigma ao tratar o cidadão não apenas como objeto, mas também como sujeito de direitos.

Sobre o Serviço Militar, a Constituição Federal é concisa: "O serviço militar é obrigatório nos termos da lei[243]." O enfoque tradicional a respeito do Serviço Militar, imposto pelo Estado e aceito pelo cidadão, se limita ao dever do cidadão para com a Pátria.

A apresentação para o Serviço Militar é considerada apenas como a oportunidade em que o Estado exige do jovem o pagamento de um tributo constitucional para com a Pátria.

O não alistamento ou a ausência nas diversas fases do processo seletivo implica marginalização do faltoso, que fica sujeito a punições que vão da simples multa até a condenação criminal, além de inúmeros impedimentos ao pleno exercício da cidadania.

O Estado atua como sujeito e o cidadão como objeto na relação constitucional. Esse entendimento é fruto de uma visão redutora das relações entre o Estado e o cidadão. É contra essa distorção que o programa Serviço Militar a Serviço do Cidadão estabelece uma relação entre o dever de prestação do serviço militar com o direito ao exercício da cidadania, tendo como ponto central o momento da seleção.

Ao comparecer perante os órgãos responsáveis pela seleção do contingente, o jovem estará se apresentando para pagar a sua cota, parte do dever constitucional. Nesse momento, elevado à categoria de sujeito de direitos, terá suas necessidades identificadas pelo Estado.

Na primeira fase podem ser considerados apenas os jovens do sexo masculino sujeitos ao serviço militar obrigatório, inclusive aqueles que não venham a ser incorporados, seja por incapacidade física ou moral ou por excederem às necessidades das Forças. O universo é ampliado com a inclusão dos domiciliados em municípios não tributários.[244]

Numa segunda etapa podem ser incluídas as mulheres, igualmente com direito a cidadania, mas dispensadas do serviço militar em tempo de paz.[245]

O estudo se vale da presença capilar das Forças Armadas em todo o território nacional, aliada à obrigatoriedade do comparecimento anual da totalidade dos jovens da mesma faixa etária – 18 anos – aos órgãos de alistamento e seleção. Sem custos significativos para a máquina estatal, pois o jovem é quem se desloca e procura os órgãos públicos.

No ano de 2000, de um total de 5.506 municípios, 4.679 foram dispensados de tributação. Jovens selecionados nascidos em 1981 foram distribuídos entre a Marinha (MB), o Exército (EB) e a Força Aérea (FAB), da seguinte forma:

	Alistados	Apresentados	Aptos	Incorporados	Dispensados	Incorporados
MB	20.771	14.873	8.992	3.677	5.315	0,23%
EB	1.545.036	656.557	418.818	84.629	334.189	5,33%
FAB	21.177	21.718	15.889	4.219	11.670	0,27%
Total	1.586.984	693.148	443.709	92.525	351.174	5,83%

Fonte: Ministério da Defesa

Aproximadamente 2/15 do pessoal apresentado e 1/5 do pessoal apto foram incorporados, ou seja, somente 5,83%. O percentual de jovens apresentados e considerados inaptos, 36%, é significativo.

Diante desses números fica evidente que a decisão do governo de incorporar mais 30 mil jovens é irrisória. Aproximadamente, menos de 2% num universo de mais de 1 milhão e meio de alistados anualmente. Isso num momento que registrava 2,5 milhões de desempregados.[246] O impacto do programa Soldado Cidadão, como se vê, é quase nulo.

Em pesquisa de campo sugerida pelo CESDIM e aplicada pelo tenente-coronel Roberto de Moraes Tavares, no ano de 2003, foram colhidos os seguintes dados primários, entre 10.961 alistados, dos quais 7.180 foram considerados aptos para o serviço militar:[247]

Tabela I

INCAPACIDADES FÍSICAS MAIS IDENTIFICADAS (*)	
Diagnóstico	%
Miopia	24
Asma não Especificada	13
Astigmatismo	9
Escoliose	9
Transtorno Interno dos Joelhos	9
Fratura	8
Obesidade Mórbida	5
Rinite Alérgica	5

(*) Para os conscritos dispensados por incapacidade física temporária, há previsão legal (Art. 55, §2º, do Dec. nº 57.654, de 20 Jan 1966, Regulamento da Lei do Serviço Militar e Dec. nº 66.949, 23 Jul 1970) de que sejam submetidos a tratamento. Depende de iniciativa da Força Armada em que tenha sido realizada a seleção e de acordo com os meios disponíveis. O que se vê, no cotidiano, é a pura e simples dispensa do incapaz.

O percentual de jovens incapacitados por problemas de visão – 33% – deixa evidente a miopia de tecnocratas e políticos no enfrentamento de questões simples, solucionáveis em sua grande maioria com apenas um par de óculos.

Os números a seguir, extraídos da mesma pesquisa, mostram a situação alarmante da carência de documentos básicos, sem os quais nenhum brasileiro pode ser chamado de cidadão. E se isso acontece no município do Rio de Janeiro, dá para imaginar o que ocorre no interior do país.

Tabela II

SITUAÇÃO DA DOCUMENTAÇÃO DOS JOVENS	
Tipo de documento	Não possuíam (%)
Carteira de Identidade	5
Cadastro de Pessoa Física (CPF)	15
Título de Eleitor	30
Carteira de Trabalho	40
Carteira de Motorista	9
Sem qualquer tipo de documentação	1

A Tabela III mostra a possibilidade de se identificar com antecedência e evitar a incorporação às Forças Armadas de jovens já comprometidos com o crime. A questão preocupa em razão do risco de desvio de armas e munições e da instrução para o combate que é transmitida aos militares durante o serviço.

Tabela III

JOVENS ENVOLVIDOS EM SITUAÇÕES QUE INDICAM PROBLEMAS SOCIAIS	
Situação identificada	Quant.
Perigo de desastre ferroviário	01
Lesão corporal	09
Tráfico de drogas	07
Ameaça	02
Furto	08
Roubo simples	04
Abrigo provisório	15
Porte de drogas para consumo	03
Consumo de drogas ou envolvimento com o tráfico	347
Presos	10
Outros casos	692

Não basta, no entanto, a simples constatação do problema e impedir o acesso desses jovens ao cotidiano da caserna. É preciso que o Estado aproveite essas informações para incluí-los em programas de reinserção social.

Essa, a estratégia central do programa "Serviço Militar a Serviço do Cidadão."

Aproveitar o momento da apresentação do jovem para o Alistamento/Seleção, coletar dados primários (saúde, escolaridade, profissionalização, renda familiar, situações de risco, etc.). Com base nesses dados, redirecionar políticas públicas e privadas, relacionadas através da coleta de dados secundários, para solução das demandas identificadas.

O processo se repete a cada ano, no período previsto para a apresentação da nova classe, realimentando o sistema e acrescentando um novo conjunto de aproximadamente 1 milhão e 500 mil jovens ao programa.

TRIBUNAL PENAL INTERNACIONAL
(OS RÉUS ASSINALADOS)

No início de 1999, o ministro Celso de Mello, no exercício da presidência do Supremo Tribunal Federal, deixou evidente que não se importava com o destino da Justiça Militar:

> "Nada pode justificar a existência da Justiça Militar, seja no plano estadual ou no da União[248]."

O então presidente da Ordem dos Advogados do Brasil, Reginaldo de Castro, mostrou perfeita sintonia com essa posição:

> "Os tribunais militares não se justificam num país democrático. Crimes cometidos por policiais militares devem ser julgados pela Justiça comum dos estados. Quando se tratar de crime relacionado às Forças Armadas, o caso iria para a Justiça Federal[249]."

Três anos antes, fora apresentada na Câmara dos Deputados proposta de Emenda Constitucional, pelo deputado Aldo Rebelo, que também argumentava contra a existência da Justiça Militar:

> "Somos capazes de entender a necessidade da existência de uma Justiça Militar, em especial para os tempos de guerra. (...) Mas, por maior que seja o esforço intelectual realizado, não conseguimos encontrar

> justificativa para que um civil seja julgado pela Justiça Militar – a não ser no desejo corporativo de vingança[250]!"

Mais que as palavras, a reforma do Judiciário implantada em 2004 deixou bem claro o desprestígio da Justiça Militar no Brasil.[251] Criado o Conselho Nacional de Justiça, para exercer o tão discutido controle externo do Poder Judiciário, entre os 15 membros que o compõem, inclusive juízes da primeira instância estadual, não aparece nenhum representante da magistratura castrense. Certamente a ausência de um membro da justiça militar no Conselho não implica dizer que aquele ramo do Poder Judiciário ficará fora do controle do Conselho Nacional de Justiça.

Ao se abordar qualquer tema relacionado com o direito militar, é necessário atentar para a sua especificidade, para não se incidir em equívocos elementares.

Não se pode desprezar as diferentes fontes inspiradoras de dois ramos do Direito, o Penal Comum e o Penal Militar. Fontes que, por serem substancialmente diversas, tingem cada um daqueles ramos com diferentes cores.

Forças Armadas e Justiça Militar são instituições ligadas umbilicalmente. Qualquer discussão a respeito da existência da Justiça Militar deve levar em consideração a existência de Forças Armadas, sua natureza jurídica e suas atribuições. A partir daí é que deve ser discutida a autonomia ou não do direito e da justiça militares.

Não havendo Força Armada, não há que se falar em Justiça Militar. Mas essa discussão não está em pauta. As Forças Armadas existem na organização estatal brasileira. Assim, compete à sociedade definir o papel por elas a ser desempenhado.

À sociedade, enfim, cabe dizer se quer ou não Forças Armadas e, em caso afirmativo, qual a missão que lhes cabe. Nesse caso, estabelecer quais os critérios de recrutamento e os métodos de instrução a serem adotados para melhor desempenho em combate. Isso sem esquecer que a formação do soldado só se justifica se voltada para a prática da guerra. O combatente é tanto melhor quanto maior for a capacidade de obedecer ordens para matar ou morrer.[252]

É preciso levar também em conta que o Direito Penal Comum se elabora com a concorrência de dois elementos: o filosófico e o histórico. Tende a aproximar-se do ideal de justiça concebido em cada época. Sofre mudanças freqüentes porque reflete a fisionomia que lhe imprime a escola filosófica em cujos princípios se orienta.

O Direito Penal Militar, ao contrário, mantém um perfil mais constante porque encontra suporte no princípio da defesa do Estado. O objeto se limita à manutenção da disciplina no âmbito das Forças Armadas para defesa eficaz da sociedade e da coletividade. Alguns doutrinadores chegam a dizer que a lei castrense é uma lei que repousa sobre a necessidade de sobrevivência do Estado.

Essa a razão da existência da Justiça Militar. Manter a eficiência do exército como organização de combate.

Uma rápida comparação entre a estrutura do Código Penal Brasileiro – que trata dos crimes comuns – e o Código Penal Militar demonstra a diferença entre os dois ramos.

Código Penal Brasileiro	Código Penal Militar
Crimes contra a Pessoa	Crimes Contra a Segurança Externa
Crimes Contra o Patrimônio	Crimes Contra Autoridade ou Disciplina Militar
Crimes Contra a Propriedade Imaterial	Crimes Contra o Sv Militar e o Dever Militar
Crimes Contra a Organização do Trabalho	Crimes Contra a Pessoa
Crimes Contra o Sentimento Religioso e o Respeito aos Mortos	Crimes Contra o Patrimônio
Crimes Contra os Costumes	Crimes Contra a Incolumidade Pública

No Código Penal Brasileiro, o legislador elegeu a pessoa como merecedora de proteção prioritária. E logo a seguir, o patrimônio, entre outros. Já para os crimes militares, a preocupação do legislador foi garantir a segurança externa do país e, portanto, da coletividade, seguindo-se a autoridade, a disciplina, o serviço e o dever militar.

É possível e desejável imaginar um mundo de paz, mas no plano da realidade dos povos é forçoso reconhecer a existência de Forças Armadas, como a

> "parcela da coletividade nacional que cada Estado prepara e equipa para atender a sua própria segurança ou para alcançar suas aspirações e a imposição de sua vontade quando em confronto com a vontade de outros Estados[253]."

A paz e a guerra evidenciam a existência de dois tipos de sociedade: uma civil, fundada na liberdade, e outra militar, fundada na obediência. Ao identificá-las, George Clemenceau discerniu: "O juiz da liberdade não pode ser o da obediência[254]."

Jean-Claude Roqueplo esclarece a posição adotada na França, ao afirmar que "o direito penal militar se constitui e se justifica como o prolongamento da ação reconhecida ao comandante[255]."

Por essas características, o Estado dota as corporações militares de grande poderio bélico para que possam exercer suas missões com eficiência. Ao mesmo tempo, precisa mantê-las sob rígida rotina de obediência através de um regime disciplinar e penal inflexível.

A quase bicentenária justiça militar brasileira foi implantada por D. João VI em 1808, com a criação do Conselho Supremo Militar e de Justiça, hoje Superior Tribunal Militar. Ao longo desse tempo, experimentou dificuldades frente à própria sociedade que determina sua existência, porque dela necessita.

Mas esse não é um problema só brasileiro. Emílio Pardo Aspe, magistrado da Suprema Corte de Justiça do México, ao final da primeira metade do século XX, afirmava:

> "O direito militar, para o paisano, é semelhante a uma cidadela erguida em lindeiros da Idade Média, abaluartada de enigmas, assediada por secular exigência de legitimação[256]."

Esse é o quadro ainda hoje vivido pela justiça militar brasileira, aí compreendidos juízes-auditores, promotores, advogados e militares. Estes como testemunhas, ofendidos ou acusados e também ocasionais membros dos conselhos de justiça, encarregados de inquérito policial militar.

As mudanças foram muitas e significativas desde a criação da Justiça Militar até agora. Permanece nos tribunais o sistema colegiado composto por juízes togados e juízes militares leigos; duas instâncias de julgamento – os Conselhos de Justiça e o Superior Tribunal Militar – e, o que é relevante, leis específicas – Código Penal Militar, Código de Processo Penal Militar e Lei de Organização Judiciária Militar.

Dos Artigos de Guerra formulados por Wilhelm Schaumburg-Lippe – Conde de Lippe – e adotados no Brasil no século XVIII – até os dias de hoje, as modificações no direito militar brasileiro são marcantes. Assim, por exemplo, os antigos auditores de guerra tinham a graduação honorífica de capitão. Eram remunerados apenas do início ao término do processo e nomeados pelo presidente da República por indicação dos ministros militares.[257] Hoje, os juízes-auditores pertencem ao Poder Judiciário com as garantias constitucionais da magistratura. São nomeados por concurso público.

Os membros do Ministério Público Militar e os Advogados de Ofício também eram subordinados aos ministérios militares. Os defensores podiam até ser substituídos na defesa dos réus por oficiais sem qualquer formação jurídica. Atualmente, promotores e defensores pertencem a carreiras próprias, sujeitos a concurso público para ingresso.

Para os acusados perante os tribunais militares as mudanças não foram menores. A investigação, a formação de culpa e o julgamento sofreram transformações profundas nos procedimentos. As penas aplicadas tiveram progressivo abrandamento, sendo incessantes os movimentos no sentido de interpretações mais humanizantes.

Essa é a realidade da justiça militar. Tão desconhecida quanto criticada. E as tentativas para a extinção continuam, de forma mais ou menos dissimulada, sem que se promovam estudos e debates desapaixonados sobre o tema. Muitas têm sido as manifestações nesse sentido. Algumas sob o argumento – sofisma – de que se a justiça é igual para todos, não deve haver tribunais específicos. Isso sob pena de se ter que criar uma justiça para os médicos, outra para os advogados, para engenheiros, etc.

A falta de consistência nessa crítica é total. Mesmo Esmeraldino Bandeira, a quem se deve o que de melhor foi escrito no Brasil sobre o tema, já no início do século passado não escapou dessa armadilha. Era contra a justiça específica, mas reconhecia a necessidade da existência de um direito militar.

> "Pelo menos, enquanto se não reconstituir a humanidade, perdendo de todo o elemento animal que produz, ao mesmo passo, a guerra individual – o crime; e o crime coletivo – a guerra[258]."

A visão distorcida da Justiça Militar foi agravada com a deposição do presidente João Goulart e a tomada do poder pelos generais. As críticas ficaram mais acirradas com a transferência do julgamento dos opositores do regime, quando acusados por crime político, do foro comum para o foro militar. "Medida adotada ilegalmente com os IPMs em 1964 e legalizada pelo Ato Institucional nº 2 de 30 de outubro de 1966[259]."

Com isso, a Justiça Militar virou alvo, inclusive, de alguns chefes militares expressivos. O general Olympio Mourão Filho, um dos chamados "revolucionários de primeira hora" do movimento de 1964, ao assumir a presidência do Superior Tribunal Militar apontou, por exemplo, o que considerava um atentado contra a liberdade, numa linguagem marcada pelas contradições políticas da época:

> "A Justiça Militar não é própria para julgamento de civis implicados na ampla subversão. Não se sabe de outro código do mundo que permita tamanho atentado contra a liberdade do cidadão (...). Indispensável fazermos a boa doutrina do direito penal (...) servir de base sólida ao pensamento político nacional, desencorajando, impedindo mesmo, que falsos líderes ou líderes ignorantes levem a nação a dar guinadas odiosas para a direita, para o absolutismo, matando a liberdade em nome da própria liberdade[260]."

No mesmo rumo seguiam as palavras do general Pery Bevilaqua, também ministro do STM:

> "O julgamento de cidadãos civis pela Justiça Militar por crimes políticos contra a segurança nacional, evidentemente, não deverá permanecer: não prestigia o poder civil, especialmente o poder judiciário[261]."

A questão da existência do foro militar vai além das discussões acadêmicas. Às vezes ultrapassa as fronteiras do país, com movimentos organizados no exterior, que defendem a necessidade de maior controle ou a extinção do judiciário castrense.

Em agosto de 1996, por exemplo, mais de uma centena de representantes militares, de governos, organismos humanitários, investigadores e especialistas de 26 países da América Central, Ásia, África, Europa, EEUU e Canadá reuniram-se em São José da Costa Rica.[262] Após um debate sobre os regimes militares, concluíram pela necessidade de eliminação dos "privilégios que concede o foro militar", para submeter os acusados de violação dos direitos humanos à justiça comum.

Há aí um grande equívoco. Confunde-se o julgamento de crimes políticos com o julgamento de crimes militares. A repressão política no Brasil durante o regime militar criou uma atmosfera de desconfiança por parte da sociedade civil em relação aos militares. Essa situação se agravou, além do mais, com a transferência do julgamento de crimes políticos para a Justiça Militar.

O colapso da democracia na América Latina, que gerou ditaduras que se somaram a outros regimes autoritários – militares ou civis – em várias partes do mundo, fortaleceu a bandeira política para a criação de uma corte internacional cuja primeira preocupação foi julgar os denominados "crimes contra a humanidade."

Nesse aspecto, o Tribunal Penal Internacional (TPI) representa indiscutível avanço em busca dos ideais de humanização nas relações internacionais.[263] Certamente não há oposição sustentável quando se trata de coibir os excessos de que se tem notícia periodicamente, praticados por governantes sanguinários de diferentes matizes. A história está repleta de casos concretos.

Muito importante não perder de vista que o Tribunal Penal Internacional não se limita ao julgamento das atrocidades em caso de guerra. Sua ação é mais ampla. A ele estão sujeitos, igualmente, os crimes contra o patrimônio da humanidade. Exemplo disso foi a condenação da ex-Iugoslávia, pelo ataque ao histórico porto de Dubrovnik, na Croácia, em 1991.[264] O diretor-geral da UNESCO, Koïchiro Matsuura, aplaudiu o fato de que a destruição de monumentos históricos figure entre as condenações efetuadas pelo Tribunal Penal.

> "Isso constitui um precedente histórico, já que é a primeira vez, desde os julgamentos dos tribunais de Nuremberg e Tóquio, que um crime contra um bem cultural é sancionado por um tribunal internacional[265]."

Matsuura estabeleceu um paralelo entre os ataques contra Dubrovnik e as ações empreendidas pelos talibãs contra o patrimônio pré-islâmico do Afeganistão:

> "Esse importante precedente mostra que a comunidade internacional pode decidir atuar para a proteção dos bens culturais e aplicar sanções para sua proteção."

As grandes potências – elas mesmas responsáveis pelas maiores carnificinas e pela destruição de bens culturais –, aproveitando-se da simpatia que o tema desperta, costuraram a implantação desse tribunal internacional, perante o qual elas, possivelmente, nunca serão rés.

Seria demonstração de ingenuidade acima do tolerável acreditar que qualquer organismo internacional terá prestígio e força suficientes para impor sanções e executá-las quando o crime envolver grandes potências.

Exemplo visível disso é a resistência dos Estados Unidos em aceitar submissão à Corte Internacional. Outro caso é a posição ambígua do Reino Unido que obteve a imunidade dos soldados ingleses no

Afeganistão contra processos no TPI e criticou os EUA pela recusa em aceitar o tribunal.[266]

Além do mais, havendo interesse de qualquer potência em levar ao tribunal internacional cidadãos de países periféricos, não faltará quem se ofereça para acionar a jurisdição internacional.

Afinal, o uso político da jurisdição penal internacional tem sido identificado com freqüência e as relações entre Washington e o TPI estão bem claras. Foram os EUA quem convenceram o Conselho de Segurança da ONU a criar um tribunal só para a Iugoslávia, oferecendo US$ 5 milhões pela entrega de Slobodan Milosevic. Eleito presidente da Sérvia em 1990, reeleito em 1992 e presidente da Iugoslávia em 1997, Milosevic foi acusado de promover uma "faxina étnica" ao expulsar os kosovares de origem albanesa da província sérvia de Kosovo e de autorizar assassinatos em massa em inúmeros vilarejos.

A forma de adesão do TPI pode gerar, no entanto, no âmbito interno dos Estados, problemas relacionados com a soberania.

Foi o que aconteceu no Brasil. Aderiu ao Estatuto de Roma, que criou o TPI, em 7 de fevereiro de 2000. A partir daí as mudanças ocorreram com uma velocidade incompatível com a tradicional morosidade do processo legislativo brasileiro. Um ano antes de o Congresso Nacional ratificar a adesão, o que somente ocorreu em junho de 2002, foi criada uma comissão para adaptar o Código Penal Militar ao TPI.

Recém saído de uma ditadura militar e com autoproclamados representantes da esquerda no poder, o ambiente político se mostrava simpático a um órgão internacional para julgar excessos praticados por militares.

Assim, a invasão do TPI no santuário constitucional também foi rápida. Teve início logo no ano de 2000 com a proposta de emenda à Constituição do deputado federal Nilmário Miranda (PT-MG): "A

República Federativa do Brasil poderá reconhecer a jurisdição do Tribunal Penal Internacional (...)[267]."

A proposta do parlamentar petista ganhou espaço definitivo no bojo da Reforma do Judiciário, com o texto sutilmente modificado: "O Brasil se submete à jurisdição de Tribunal Penal Internacional a cuja criação tenha manifestado adesão[268]."

Observe-se a diferença entre a proposta do deputado Nilmário Miranda – "poderá reconhecer" – com o texto posteriormente aprovado – "O Brasil se submete."

No primeiro caso, fica a critério do Brasil reconhecer a jurisdição internacional. Com a redação aprovada, o país de antemão se submete àquela jurisdição, mesmo diante de decisões que, porventura, contrariem os interesses nacionais.

Ainda que indiscutivelmente meritória a criação de uma justiça internacional, é preciso reconhecer que o texto abre espaço para manipulações políticas.

O território brasileiro está nos dias de hoje em grande parte tombado como patrimônio da humanidade, seja para proteção da biosfera, das comunidades indígenas, da mata atlântica, da cultura, da fauna, da flora, do tamanduá, do mico, e por aí em diante. A execução de qualquer projeto governamental que contrarie interesses das grandes potências poderá ser de imediato considerado crime contra a humanidade, sujeito às sanções da corte internacional.

O assunto não é novo. Tentativa no mesmo sentido ocorreu em Portugal, em abril de 2001, quando lá se discutiu uma proposta de emenda constitucional que continha a mesma expressão "pode reconhecer", do texto do deputado Nilmário Miranda.[269]

Mesmo diante da forma amena, a reação não se fez esperar e o jurista luso Vital Moreira foi incisivo:

"(...) Sabendo-se que as convenções internacionais podem ser aprovadas por maioria simples na Assembléia da República (...) é fácil ver a dimensão de flexibilização e indefinição constitucional (e mesmo de perda de soberania constitucional) que estas cláusulas introduzem.

Esta técnica da cláusula remissiva (algo como um cheque em branco) é particularmente preocupante[270]."

Ainda assim, a modificação foi aprovada. Pelo menos, com redação mais aceitável do que a adotada no Brasil. Desde o ano de 2005, Portugal "pode aceitar", enquanto o Brasil "se submete" ao TPI.

A história da legislação militar brasileira mostra a distância entre a caserna e a sociedade civil.

De 1763, quando foram adotados os Artigos de Guerra do Conde de Lippe, até os dias de hoje, jamais o Congresso Nacional aprovou um código penal militar ou processual penal militar. Não foram poucos os projetos que chegaram ao Legislativo. E não foi questão de qualidade, pois um, em 1911, era de autoria de Clóvis Bevilaqua, indiscutivelmente um dos maiores juristas brasileiros. Assim como os demais, o projeto não teve concluída a tramitação no legislativo.

A responsabilidade por essa distorção não cabe apenas aos militares. O Congresso tem parcela de culpa por aceitar passivamente a invasão do Executivo em assunto de competência do legislador. Se não bastasse, o processo legislativo não tem a agilidade necessária para tramitação e aprovação de questões dessa ordem.

Os militares, como se sabe, têm pressa, especialmente quando o assunto é disciplina. Diante das intermináveis discussões, emendas, substitutivos e outros possíveis percalços no processo legislativo, resolvem o problema com a interferência direta do Executivo e do Superior Tribunal Militar nas atribuições legislativas.

Foi assim, por exemplo, em 1890, quando da adoção do Código Penal da Armada.[271] Rui Barbosa reagiu indignado:

> "(...) uma lei expedida pelo Poder Executivo, quando a função de legislar fora transferida pela Constituição para o Congresso. Logo é uma lei nula. Logo, não pode ser lei[272]."

Em 1893, o Executivo delegou ao então Supremo Tribunal Militar atribuição para elaborar o Regulamento Processual Criminal Militar.[273] Ou seja: o Judiciário recebeu uma atribuição do Legislativo.

Compreendem-se as longas discussões que devem preceder a elaboração de leis penais e, com muito mais razão, de um código, seja ele para crimes comuns ou militares. No caso da legislação penal e processual penal militar, a demora além de certos limites é inaceitável. Principalmente por se tratar de matéria que provoca reflexos diretos na manutenção da hierarquia e da disciplina e, conseqüentemente, na operacionalidade.

Antes da Constituição de 1988, o Executivo fazia uso do decreto-lei para adotar novos códigos. Com a extinção desse instrumento, a partir de 1988 qualquer novo código tem necessariamente que ser submetido ao Congresso Nacional.

Uma tentativa de reformulação do Código Penal Militar foi feita durante o governo do presidente Fernando Henrique Cardoso. O ministro da Justiça, José Carlos Dias, nomeou uma comissão para elaborar um Anteprojeto do Código Penal Militar.[274]

Na véspera da instalação, a comissão foi dissolvida pelo próprio ministro, visivelmente constrangido diante das pressões que sofreu do Superior Tribunal Militar. Indagado sobre a decisão, ele foi lacônico. "Certas suscetibilidades foram feridas", disse. "Os juízes são muito..." acrescentou, sem terminar a frase.[275]

Um dos argumentos utilizados pelo brigadeiro Sérgio Xavier Ferolla, presidente do Superior Tribunal Militar, para "sensibilizar" o ministro da Justiça foi que o STM já tinha pronto um anteprojeto, que acabou não sendo levado adiante.

Foi também no governo do presidente Fernando Henrique Cardoso que uma comissão, intitulada Grupo de Trabalho "Estatuto de Roma", preparou um anteprojeto de lei mudando substancialmente o Código Penal Militar.[276]

As "suscetibilidades" dos ministros do STM, que levaram à dissolução da comissão nomeada anteriormente pelo ministro José Carlos Dias, não foram suficientes para impedir a conclusão dos estudos desse Grupo, que fechou um pacote com 132 artigos para incorporação ao CPM e ao CPPM.

A necessidade de atualização da legislação penal militar é indiscutível. No mínimo para melhor adequação à nova ordem constitucional pós 1988. Do mesmo modo, havendo discrepância entre a legislação interna e os compromissos assumidos pelo Brasil no campo internacional, impõe-se a atualização.

É preciso, no entanto, lembrar que o ambiente das relações internacionais não é terreno apropriado para iniciativas conduzidas por amadores. No cenário internacional é aconselhável o concurso daqueles que sabem como atuar no campo diplomático, no qual, infelizmente, a ética tem sido historicamente a primeira vítima.

Chama atenção, por exemplo, o conceito adotado pelo Grupo de Trabalho para "conflito armado não-internacional", que abrange "graves perturbações da ordem interna em que haja emprego duradouro de forças militares[277]."

Qual o significado de "duradouro"? O Dicionário Houass de Língua Portuguesa não ajuda muito na compreensão do termo: "que pode ter ou tem muita duração." O Dicionário Michaelis também não resolve o problema: "que dura; que pode durar muito; durável."

O anteprojeto excepciona as "situações de tensão e perturbações internas, tais como motins, atos de violência isolados e esporádicos e outros atos análogos[278]." Mesmo assim, não deixa de causar preocupação a forma inteiramente subjetiva, principalmente por se tratar de matéria de natureza penal.

No episódio da "Guerra da Rocinha", em 2004, por exemplo, a governadora do Rio de Janeiro pretendia o emprego do Exército pelo menos por mais de seis meses. Autoridades federais chegaram a cogitar que a ação perdurasse por um ano.

Pode alguém sustentar com tranquilidade que a diuturna troca de tiros entre quadrilhas rivais, para conquista de novas "bocas de fumo", se trata de "atos de violência isolados e esporádicos"?

E a atuação dos militares naqueles conflitos durante seis meses ou um ano caracterizaria "emprego duradouro"?

Aprovado o anteprojeto e dependendo da interpretação a ser dada em tais situações, os soldados brasileiros poderão ser processados por crime de guerra por ações para a garantia da lei e da ordem. O que é mais grave, réus perante o Tribunal Penal Internacional.

E não adianta contar com a possibilidade de o presidente da República, em último caso, conceder anistia, graça ou indulto, pois essa prerrogativa constitucional é cassada no próprio anteprojeto.[279]

INCONCLUSÕES

Em 1644, ao passar a chefia do Brasil holandês aos seus sucessores, o conde João Maurício de Nassau recomendou:

> "No tocante à gente de guerra, é de toda necessidade que Vv. Ss. mantenham o respeito e a honra que lhes pertencem, e conquanto este requisito seja necessário em relação a toda sorte de gente (...), muito mais o é em relação aos militares, por serem eles mais perigosos[280]."

Os norte-americanos, em 1776, na conhecida Declaração de Virgínia, proclamaram a necessidade de forças armadas, mas reconheceram que

> "deveriam ser evitados, em tempos de paz, como perigosos para a liberdade, os exércitos permanentes; e que, em todo caso, as forças armadas estarão estritamente subordinadas ao poder civil e sob o comando deste."

Ferdinand Lassale (1825-1864), advogado na antiga Prússia, identificava os militares como fator real de poder presente nos estados e de reconhecimento indispensável para o equilíbrio do sistema constitucional de uma sociedade.

A cautela no trato com os militares, no entanto, ainda vem de mais longe. Platão, (427 a 347 a.C.) ao projetar a própria visão que tinha de República, demonstrou preocupação especial com aqueles a quem caberia a proteção do estado ideal: os guardiões. Para conter os protetores, os guardiões, os militares, de modo a que não se voltassem contra os protegidos – a elite e o povo –, o filósofo argumentava com a vontade divina. Cada um deveria se contentar com o papel que lhe cabia naquela sociedade.

Nos dias de hoje, certamente a opinião dos deuses não é suficiente para inibir as vocações golpistas. Nas democracias modernas deu lugar ao princípio da prevalência do poder civil sobre o poder militar. No Brasil, esse princípio, como mecanismo de controle, ainda é frágil.

Certamente seria um exagero afirmar, no caso brasileiro, a incompatibilidade total de coexistência harmoniosa entre civis e militares. É possível, porém, identificar a dificuldade de convivência tranqüila entre as duas partes.

Mas, afinal, quem, ao fim e ao cabo, tutela quem?

Há quem sustente, como faz Adam Przeworski, que a partir da Nova República (1985) o país passou a viver uma fase de "democracia tutelada[281]." Os militares deixaram o exercício direto do poder e se retiraram para os quartéis. Mas, vez por outra, insinuam que podem voltar em caso de qualquer eventualidade, segundo o próprio julgamento deles.

De fato, em várias oportunidades o presidente Fernando Henrique Cardoso, no exercício do governo, identificou os limites do poder civil frente ao poder militar. Em 1999, quando o Ministério da Defesa foi criado e entregue ao então senador Élcio Álvares, a insatisfação dos militares foi visível[282]. A nota de tensão foi dada pelo comandante da Aeronáutica, brigadeiro Walter Brauer. Graças às críticas feitas ao ministro Álvares, o brigadeiro foi exonerado pelo presidente da República.

No discurso de despedida, ao passar o comando, o brigadeiro Brauer não poupou críticas ao governo. E falou com o respaldo do Alto Comando da Aeronáutica que emitiu uma nota de apoio ao demitido, na qual reafirmou "que os valores morais e éticos (...) serão preservados a qualquer custo[283]."

No ano seguinte foi a vez de a força terrestre peitar a autoridade do presidente da República que, por definição constitucional, é comandante-em-chefe das Forças Armadas. O general Gleuber Vieira, comandante do Exército, criticou a falta de verbas para a tropa e Fernando Henrique decidiu exonerá-lo. Antes da canetada presidencial, uma centena e meia de generais, vindos de todos os cantos do país, aterrissaram em Brasília. Se para o bom entendedor meia-palavra basta, que dirá o coro de uma centena e meia de generais. Gleuber Vieira manteve o cargo.

No exercício dessa tutela, identificada por Przeworski, os generais usam outro instrumento para manter o governo sob liberdade vigiada: os clubes de oficiais. Uma leitura atenta no termômetro da insatisfação militar indica que até certo nível falam aqueles que presidem as associações, com mais freqüência militares da reserva. A partir daí, como se houvesse uma hierarquia política, o recado fica por conta dos generais da ativa.

Não importa qual seja a motivação: reivindicação salarial, críticas ao presidente da República, à política econômica, etc. Frente às sucessivas manifestações dos presidentes dos clubes de oficiais, a reação dos comandantes das três Forças é, quase sempre, a do silêncio conivente. "O silêncio da elite política civil ante tais constrangimentos confirma ser o militarismo um fenômeno amplo, regularizado e socialmente aceito no Brasil[284]."

Em 1964, por exemplo, os oficiais se reuniam nos clubes militares para conspirar contra o presidente da República, sob o silêncio condescendente dos ministros militares. Curiosamente, num processo de dois pesos e duas medidas, os sargentos que promoveram uma homenagem ao presidente João Goulart, antes do golpe, foram duramente perseguidos durante o regime militar. Mais um exemplo de que o pau que dá em Chico, não dá em Francisco.

A história demonstra que a presença da baioneta na política nacional é invariavelmente patrocinada por oficiais. Apesar de debitada aos "militares", a verdade é que os protagonistas sempre foram os oficiais, enquanto as praças – soldados, cabos e sargentos – fazem o papel de simples coadjuvantes. A participação dos subordinados ocorre por obediência, não necessariamente por concordância.

Mas nesse mundo das praças, o tempo não parou. E houve mudanças exponenciais. O aumento da escolaridade e o acesso cada vez maior à informação mudaram visivelmente o perfil dos sargentos. O homem rude e semi-alfabetizado do início da década de 1960 – o "sargentão" na referência preconceituosa de alguns generais ainda hoje – cedeu lugar a um outro profissional, com curso superior, sensível e consciente dos avanços democráticos.

Maior nível de conhecimento por parte dos subordinados não é incompatível com a disciplina. É, no entanto, incompatível com o arbítrio. Assim, a visão arbitrária e preconceituosa de alguns superiores entrou em rota de colisão com essa nova situação. As inúmeras manifestações de insatisfação que se sucedem nos quartéis apontam para a necessidade de reavaliação imediata da questão.

Pode parecer positivo que a cúpula militar não tenha, nos dias atuais, certeza de contar com a tropa para aventuras políticas. Esse, no entanto, não é o mecanismo ideal para a proteção do regime democrático. O que deve garantir a normalidade democrática é a consciência das elites, civis e militares, e não a indisciplina da tropa.

Já passa da hora de repensar falsos tabus ainda existentes nas corporações militares. Os problemas são sérios e recomendam coragem e a escolha de medidas capazes de identificá-los para a adoção de soluções adequadas.

Seria recomendável resolver os problemas intramuros, como, por exemplo, reformular completamente a legislação disciplinar[285]. Nesse ponto, o primeiro passo seria a obediência à Constituição. Reconhecer – como não se pode deixar de fazê-lo – que cabe ao Congresso Nacional criar norma jurídica referente ao regime disciplinar dos militares. O remédio está no "livrinho" a que o marechal Dutra se referia.

A inconstitucionalidade do Regulamento Disciplinar do Exército foi demonstrada na ação proposta pelo procurador-geral da República, em 2004, no Supremo Tribunal Federal. Segundo o procurador-geral, a partir da Constituição de 1988 as transgressões disciplinares devem ser definidas em lei e não em decreto, como fez o governo ao editar o novo RDE.

O STF, habilmente, não enfrentou o mérito, mas se a discussão prosperasse, começariam a ser expostas as entranhas do regime disciplinar adotado nas Forças Armadas brasileiras. O tema não está sepultado definitivamente e a qualquer momento pode voltar à ordem do dia[286].

Seria conveniente, também, considerar a evasão do pessoal. Não é razoável rotular simplesmente como "não-vocacionados" – jargão usado pelos generais – os jovens que enfrentam um concurso de seleção dos mais difíceis e pouco tempo depois desistem da carreira.

Conta o folclore militar que ao ser indagado sobre o que gostaria de ser, após haver chegado ao mais alto posto da carreira, o velho general respondeu: "Gostaria de ser a metade do que um cadete pensa que é." Se o folclore guarda alguma proximidade com a realidade, o problema não está na ausência de vocação, mas, sim, na presença da frustração. Diante da realidade com que se defrontam os oficiais após o período de formação nas academias, a reação de alguns é a indisciplina ou o abandono da carreira.

Outro ponto que recomenda especial atenção é o critério para promoção a partir, inclusive, do ingresso no generalato. Pela sistemática vigente, o Alto Comando de cada uma das Forças prepara uma lista com os candidatos previamente selecionados e o presidente da República escolhe quem será promovido.

No entanto, a participação do presidente no processo é meramente decorativa. Chancela a escolha feita pelo Alto Comando. O ato, na realidade, não é discricionário, mas vinculado à vontade dos generais. É fácil imaginar até onde subiria a temperatura do termômetro da insatisfação militar, caso o presidente resolvesse promover o candidato de sua preferência, mesmo não sendo o primeiro da lista. Esse problema pode ser, pelo menos, minimizado. Basta submeter ao Senado Federal o nome escolhido pelo Chefe do Executivo. É o que ocorre com diversos outros cargos, como manifestação do sistema de freios e contrapesos entre os Poderes[287].

Ainda que os chefes militares tratem desses temas no âmbito interno, é evidente que ainda não conseguiram solução satisfatória, pois os problemas se repetem, cada vez com maior freqüência.

Outra providência que tarda e que poderia evitar uma série de crises depende do Ministério Público. Deveria recomendar ao governo que se abstenha de determinadas práticas ilícitas, como, por exemplo, a utilização dos militares para intervir nos estados sem obediência aos trâmites constitucionais, como rotineiramente vem sendo feito[288].

Definitivamente, o uso (político) das Forças Armadas não pode ficar subordinado aos interesses circunstanciais de políticos e generais.

Os problemas existem. Precisam ser discutidos e analisados, sem preconceitos, pelo menos para que o agravamento não deságue em crises de maiores proporções.

NOTAS

[1] Considerado por alguns mais filósofo que soldado, Karl von Clausewitz nasceu em 1780 e morreu em 1831.

[2] Cláudio Moreira Bento, http://www.resenet.com.br/revoltasrepub.htm.

[3] Do francês *vivandière*, mulher que vende mantimentos, ou que os leva, acompanhando tropas em marcha.

[4] http://educaterra.terra.com.br/almanaque/gaspari.

[5] Idem.

[6] Oliveira Vianna, "O Ocaso do Império", Rio de Janeiro, Livraria José Olympio Editora, 1959, citado por Edmundo Campos Coelho, in "Em Busca de Identidade: o Exército e a Política na Sociedade Brasileira", Forense Universitária, Rio de Janeiro, 1976, p. 19.

[7] Tobias Monteiro, "Pesquisas e Depoimentos", Rio de Janeiro, Francisco Alves & Cia., 1913, também citado por Edmundo Campos Coelho.

[8] Entrevistas conduzidas por Maria Celina D´Araújo e Celso Castro para o livro "Militares e Política na Nova República", organizado pelo Centro de Pesquisa e Documentação de História Contemporânea do Brasil (CPDOC) da Fundação Getúlio Vargas.

[9] http://jbonline.terra.com.br, 21 Jul 01.

[10] Idem.

[11] Id. Ib.

[12] Alagoas, Bahia, Ceará, Minas Gerais, Pará, Paraíba, Pernambuco, Piauí, Rio de Janeiro e Tocantins.

[13] Nota do autor: em 1983, quando apresentei ao Prof. Francisco Mauro Dias, meu orientador, os quatro primeiros capítulos da dissertação de mestrado, ele olhou o sumário, devolveu polidamente todo o material e disse: "Você escreveu

muito pouco sobre hierarquia e disciplina. Pesquise mais e depois vamos analisar o restante." Em homenagem ao querido mestre, esse capítulo é baseado no resultado daquela oportuna orientação.

[14] De Plácido e Silva, "Vocabulário Jurídico".

[15] Idem.

[16] Lei nº 6880, de 09 Dez 1980, §1º, do art. 14.

[17] De Plácido e Silva, op. cit.

[18] ALMIRANTE, D. José, in "Diccionário Militar", Madrid, 1869, verbete "disciplina."

[19] Idem.

[20] Ver SOARES, Vicente Henrique Varela e ADELINO, Eduardo Augusto das Neves, in "Dicionário de Terminologia Militar", Ed. dos Autores, 1962.

[21] ALMIRANTE, D. José, op. cit.

[22] General Heitor Luiz Gomes de Almeida, quando comandava o I Exército, em palestra de abertura do VII Ciclo de Estudos sobre Direito Penal Militar.

[23] Ver ALMIRANTE. D. José, op. cit.

[24] MELLO, General Francisco Batista de, in "O Medo, a Disciplina e a Liberdade", A Defesa Nacional, nº 699, Jan/Fev 82, p. 178.

[25] ALMIRANTE, D. José, op. cit.

[26] MYER, Allan A., in "A Disciplina no Exército da URSS", Military Review, Nov 75.

[27] Ver TROTSKY, Leon, in "Kak Vosruzhalas", apud Allan A. Myer, op. cit. e BERMAN, Harold J. e KERNER, Miroslav, in "A Disciplina Militar Soviética", Military Review, Jun 52.

[28] Antonio Oliveira Salazar governou Portugal de 1926 a 1970.

[29] Regulamento Disciplinar de 02 Mai 913, art. 1º.

[30] Dec. Lei nº 142.

[31] Règlement de Discipline Générale dans les Armées, Décret nº 75.675, du 28 juillet 1975, article primier.

[32] Major Heinz Karst, "A Disciplina é Imperiosa" in Das Parlament, Set/56.

[33] "Teoria de um Código Disciplinar Ideal", artigo do Tenente-Coronel G.O.N. Thompson, publicado no "The Engineers Journal" (Grã-Bretanha), Set/47. Republicado em Military Review, Mar/57, p. 107.

[34] Lei nº 6880, de 9 Dez 80, Art. 14, §2º.

[35] Dec. nº 8835, de 23 Fev 42, art. 3º; Dec nº 79.985, de 19 Jul 77, art. 6º, e Dec nº 90.608, de 04 Dez 84, art. 6º.

[36] Dec. nº 1899, de 19 Ago 36, Art. 2º, parágrafo único.

[37] "Direito Penal Militar", Ed. 1915, p. 9/11.

[38] Idem p. 28.

[39] Número 949, de 20 Jul 1898.

[40] CASTELLO BRANCO, Cândido Borges, in Consultor Militar, Rio de Janeiro, Imprensa Nacional, 4ª edição, 1911, p. 144.

[41] Ver SALLES, Ricardo, in "Guerra do Paraguai: escravidão e cidadania na formação do Exército", Ed. Paz e Terra, Rio de Janeiro, 1990.

[42] Idem, p. 62.

[43] "Cartas, Reservadas e Confidenciais Referentes à Campanha do Paraguai (1867-69) livro 4, Arquivo Nacional, códice 924, apud Ricardo Salles, op. cit. p. 139/140.

[44] Idem p. 148.

[45] Idem p. 141, carta confidencial de 12 Nov 1868, livro 4.

[46] Idem p. 144, carta de 02 Dez 1867.

[47] Idem, livro 2.

[48] Em 12 de setembro de 1963, insatisfeitos com a decisão do Supremo Tribunal Federal considerando os sargentos inelegíveis para os órgãos legislativos, cerca de 600 praças da Aeronáutica e da Marinha, liderados pelo sargento da Aeronáutica Antônio de Prestes Paula, se rebelaram ocupando vários prédios públicos em Brasília. O movimento foi debelado no mesmo dia e os líderes condenados pela Justiça Militar a quatro anos de prisão. O general Olympio Mourão Filho nasceu em Minas Gerais em 1900. Foi presidente do Superior Tribunal Militar de 1967 a 1969 e faleceu em 1972.

[49] "Memórias: A Verdade de um Revolucionário", General Olympio Mourão Filho, apresentação de Hélio Silva, L&PM Editores Ltda. 3ª Edição, 1978, p. 255.

[50] Obra citada, p. 256.

[51] Decreto nº 9.998, de 08 Jan 1913, Art. 647.

[52] Decreto nº 12.008, de 19 Mar 1916, Art. 445.

[53] A questão é tratada no Aviso Ministerial nº 250/CJMEx.

[54] Informativo do Exército nº 034, de 06 de setembro de 1999.

[55] Ofício nº 133-A2, de 08 Jul 2002, do comandante do Exército, general Gleuber Vieira.

[56] Baseado em fatos reais, o filme "Amistad" conta a história de escravos africanos que mataram os tripulantes e se apoderaram do navio em que eram transportados. Capturados, foram levados aos Estados Unidos e finalmente libertados pela Suprema Corte, que lhes reconheceu o direito à liberdade.

[57] O subtenente Edmundo respondeu a processo na Auditoria da Justiça Militar em Pernambuco acusado de incitamento à indisciplina (Art. 155 do Código Penal Militar).

[58] O crime de motim é previsto no Art. 149 do Código Penal Militar.

[59] HC nº 81.339-9-Amazonas, concedido pelo STF.

[60] Ofício nº 2635, de 30 Dez 2002.

[61] Lei nº 4898, de 09 Dez 1965, Art. 3º, alínea f.

[62] Em 1871, a iniciativa foi do vice-almirante Francisco de Sousa Melo e Alvim, barão de Iguatemi.

[63] Dicionário Histórico Biográfico Brasileiro, Fundação Getúlio Vargas, Centro de Pesquisa e Documentação. Declaração atribuída ao tenente Tomás Cavalcanti, um dos fundadores do Clube Militar.

[64] Campanha Contra as Forças Armadas – Alerta! – Gen Ex Luiz Gonzaga Schroeder Lessa, presidente do Clube Militar, http://www.clubemilitar.com.br/HP/princ.htm, 23 Fev 2004.

[65] Carta datada de 19 Ago 2003.

[66] Associação de Defesa dos Direitos Humanos dos Militares-RJ.

[67] Of. nº 224-A2, de 12 Nov 2002, do Chefe do Gabinete do Comando do Exército ao Chefe do Gabinete do Ministro de Estado da Defesa

[68] Ver Decreto nº 4.346, de 26 Ago 2002 e CPM, Arts. 165 e 166.

[69] CF, Art. 5º, incisos IV, XVI e XVII.

[70] CF, Art. 142, § 3º, incisos IV e V.

[71] CF, Art. 5º, inciso XLIV.

[72] Em fevereiro de 2005 o procurador regional da República no estado do Ceará, Francisco de Araújo Macêdo Filho, ajuizou Ação Civil Pública contra a União para garantir o livre funcionamento de associações de militares em todo o país. A medida foi proposta porque as autoridades militares não atenderam a uma recomendação do MPF para que não prendessem disciplinarmente dirigentes da Associação Nacional de Praças das Forças Armadas – ANPRAFA.

[73] CF. Art. 5°, inciso XXI – " as entidades associativas, quando expressamente autorizadas, têm legitimidade para representar seus filiados judicial ou extrajudicialmente;"

[74] Em 22 de novembro de 1910, liderados por João Cândido, marinheiros assumiram o comando dos encouraçados 'São Paulo' e 'Minas Gerais', mataram o comandante Batista das Neves e prenderam os oficiais. Reivindicavam do presidente da República, Hermes da Fonseca, o fim dos castigos físicos na Armada. Finda a revolta, foram traídos pelo Governo, que prometera anistiar todos os revoltosos. A maioria foi embarcada no navio 'Satélite' rumo ao Amazonas, onde seria despejada na selva. João Cândido e outros 17 ficaram presos na ilha das Cobras, Rio de Janeiro. Apenas dois sobreviveram. Um deles o "Almirante Negro." João Cândido Felizberto nasceu em 1880 e morreu em 1969.

[75] http://www.ans.pt.

[76] *El País*, 14 Mai 2005.

[77] Divulgado no site da Associação de Praças do Exército Brasileiro – APEB (www.apeb.com.br).

[78] "Memórias: A Verdade de um Revolucionário", general Olympio Mourão Filho. Apresentação de Hélio Silva, L&PM Editores Ltda. 3ª Edição, 1978, p. 255.

[79] O general Jair Dantas Ribeiro era o ministro do Exército e encontrava-se hospitalizado quando o presidente João Goulart foi deposto em 1964. Em junho do mesmo ano teve os direitos políticos cassados pelo Ato Institucional nº 1.

[80] Estudo sobre "Valorização do Subtenente e do Sargento."

[81] Idem

[82] Id. Ib.

[83] O título de bacharel em Ciências Militares é reconhecido pela Lei nº 9.786, de 08 Fev 1999.

[84] Celso Castro, in "O Espírito Militar" – Um Estudo de Antropologia Social na Academia Militar das Agulhas Negras, Jorge Zahar Editor, 1990, p. 12. **Cadete**, título honorífico criado por d. José I, rei de Portugal de 1750 a 1777, com o objetivo de atrair a nobreza para o serviço militar. Ver Nova História Militar Brasiileira, Org. Celso Castro e outros, Rio de Janeiro, Editora FGV, 2004, texto de Adriana Barreto de Souza, doutora em História pela UFRJ, sob o título "A Serviço de Sua Majestade", p. 164.

[85] Durante os quatro anos de curso na AMAN, apenas 180 horas são dedicadas ao estudo do Direito.

[86] General Demerval Peixoto, "Memórias de Um Velho Soldado", Rio de Janeiro, Biblioteca do Exército, 1960. Citado por Edmundo Campos Coelho na obra já mencionada, p. 44.

[87] Alfred Stepan, "The military in politics", Traducción, Iné Pardal, 1971, Amorrortu editores S.A., Buenos Aires, Argentina, "Brasil: los militares y la política", p. 26.

[88] Lei nº 6880/80, Art. 117, modificado pela Lei nº 9.297, de 25 Jul 1996.

[89] O Dia, 14 Mar 2005. Segundo o jornalista Ricardo Boechat (JB 11 Jun 2005): "Em quatro anos, quase 700 oficiais das Forças Armadas pediram baixa para abraçar empregos civis. Foram 244 no Exército (sendo 92 engenheiros do IME), 224 na Aeronáutica e 211 na Marinha. Em média, 20% do contingente ativo nas mesmas patentes pediu o boné."

[90] A Escola de Aperfeiçoamento de Oficiais, localizada na Vila Militar, Rio de Janeiro, foi criada em 1919. Destina-se a aperfeiçoar capitães capacitando-os para o exercício do comando e chefia e habilitando-os para exercerem funções de Estado-Maior de unidades e demais funções de Oficiais Superiores.

[91] GABRIEL, Richard A., in Ética Militar, organizado por Manuel M. Davenport, tradução de Rafael Urbino, Editorial Sudamericana, Buenos Aires, 1989, p. 101 a 115.

[92] GABRIEL, op. cit. p. 102.

[93] Em 2004, 15 cadetes da AMAN foram aprovados no concurso para a Polícia Rodoviária Federal. No mesmo ano inúmeros capitães alunos da EsAO também resolveram abandonar a carreira militar.

⁹⁴ Adriana Barreto de Souza, op. cit. p. 170.

⁹⁵ CF, "Art. 84. Compete privativamente ao Presidente da República: (...) XIII – exercer o comando supremo das Forças Armadas, nomear os Comandantes da Marinha, do Exército e da Aeronáutica, promover seus oficiais-generais e nomeá-los para os cargos que lhes são privativos;" (Redação dada pela Emenda Constitucional nº 23, de 02 Set 1999).

⁹⁶ Portaria nº 202, de 26 Abr 2000, Instruções Gerais para a Elaboração de Sindicância no âmbito do Exército Brasileiro (IG 10-11).

⁹⁷ Dec. nº 4346, de 26 Ago 2002.

⁹⁸ Dec. nº 71.500, de 05 Dez 1972.

⁹⁹ Lei nº 5836, de 05 Dez 1972.

¹⁰⁰ Lei nº 6880/80, Art. 47.

¹⁰¹ CF Art. 68, § 2.

¹⁰² Idem art. 48, inciso IX e 61, §1º, II, f.

¹⁰³ Art. 61, §1º, II, f.

¹⁰⁴ CF, Art. 5º, inciso II.

¹⁰⁵ Ver "Os Crimes Propriamente Militares e o Princípio da Reserva Legal", tese apresentada por João Arruda e aprovada por unanimidade no 11º Congresso Nacional do Ministério Público, de 23 a 26 Set 1996, em Goiânia – GO.

¹⁰⁶ CF, § 1º, do art. 5º.

¹⁰⁷ Proc. nº 2003.51.09.001161-1

¹⁰⁸ Revista Carta Capital, 10 Dez 2003.

¹⁰⁹ Proc. nº 2004.51.01514718-9, 1ª Vara Federal Criminal/RJ.

¹¹⁰ ADIN nº 3340, 08 Nov 2004, relator ministro Marco Aurélio, foi julgada pelo plenário um ano depois.

¹¹¹ Ver "O arbítrio no quarto dos fundos".

¹¹² Ofício nº 133-A2, de 08 Jul 2002, do comandante do Exército, general Gleuber Vieira.

¹¹³ Conhecida como A Revolta dos Marinheiros. Em 25 de março de 1964, mesmo proibidos pelo ministro da Marinha, marinheiros e fuzileiros navais se reuniram no Sindicato dos Metalúrgicos, no Rio de Janeiro, para come-

morar o segundo aniversário da Associação dos Marinheiros e Fuzileiros Navais, considerada ilegal. Diante da ordem de prisão do almirante Sílvio Frota, as praças resolveram resistir mas se entregaram no dia seguinte após mediação do ministro do Trabalho. Presos, foram poucas horas depois anistiados pelo presidente João Goulart. DHBB, FGV, CPDOC.

[114] Ver "Do Cabimento do habeas-corpus nas Transgressões Disciplinares." Arruda, João Rodrigues. Revista do Superior Tribunal Militar, vol. 10, nº 1, 1988.

[115] CF Art. 142.

[116] CF, Art. 5º, inciso IV – é livre a manifestação do pensamento, sendo vedado o anonimato. CF, Art. 5º, inciso XVI – todos podem reunir-se pacificamente, sem armas, em locais abertos ao público, independentemente de autorização, desde que não frustrem outra reunião anteriormente convocada para o mesmo local, sendo apenas exigido prévio aviso à autoridade competente. CPM, Reunião ilícita – Art.165 – Promover a reunião de militares, ou nela tomar parte, para discussão de ato de superior ou assunto atinente à disciplina militar: Pena – detenção, de seis meses a um ano a quem promove a reunião; de dois a seis meses a quem dela participa, se o fato não constitui crime mais grave. CPM, Publicação ou crítica indevida – Art.166 – Publicar o militar ou assemelhado, sem licença, ato ou documento oficial, ou criticar publicamente ato de seu superior ou assunto atinente à disciplina militar, ou a qualquer resolução do Governo: Pena – detenção, de dois meses a um ano, se o fato não constitui crime mais grave.

[117] STF, HC nº 689281-130/PA. 2ª Turma, unanimidade. Relator ministro Néri da Silveira.

[118] STF, HC º 70.648-7/RJ. 1ª Turma, unanimidade. Relator ministro Moreira Alves.

[119] Inciso LXVIII, do art. 5º, da CF, Título II.

[120] Art. 113, item 23.

[121] O Código de Justiça Militar de 1938 – Dec. Lei nº 925, de 02 Dez 1938, Art. 272, §6º – acompanhou o legislador constitucional de 1934 e tratava do cabimento do habeas corpus com a mesma restrição quanto às transgressões disciplinares. O diploma processual anterior – Regulamento Processual Criminal Militar, de 1895 – não tratava da matéria.

[122] BRANCO, Cândido Borges Castello, in "Consultor Militar", Imprensa Nacional, Rio, 4ª Ed. 1911, p. 245.

[123] Idem.

[124] Cândido Borges Castello Branco chegou ao generalato.

[125] BRANCO, Cândido Borges Castello, op. cit. p. 247.

[126] COSTA, Álvaro Mayrink da, in Crime Militar, Editora Rio, p. 25 e 23.

[127] FAGUNDES, M. Seabra, in "O Controle dos Atos Administrativos pelo Poder Judiciário", Forense, 4ª Ed. p. 168.

[128] DIAS, Francisco Mauro, in "O Exame dos Atos Administrativos pelas Instâncias Administrativas e Judiciais", Revista do Instituto dos Advogados do Brasil, 19/72.

[129] De Plácido e Silva, Vocabulário Jurídico.

[130] Lei nº 6880, de 09 Dez 80, Art. 14, §2º.

[131] CF art. 142.

[132] In "Archivo Judiciário", Dez 61/340.

[133] STF, RE nº 72.390, in RDA 110/243.

[134] SIDOU, J. M. Othon, in "As Garantias Ativas dos Direitos Coletivos", 1ª Ed. Forense, 1977, p. 190.

[135] In "Do Mandado de Segurança."

[136] Código Penal Militar, art. 222.

[137] Idem, art. 174.

[138] Exposição de Motivos do Dec. Lei nº 142/77, de 09 Abr 77.

[139] GOEDSEELS, X, in "Manuel de Procédure Pénale Militaire", La Panne, 1916, p. 162.

[140] Mandado de Segurança nº 1374/STF, in "Archivo Judiciário", Dez/51, p. 338.

[141] Voto do Ministro Edgard Costa.

[142] "Do Poder disciplinar."

[143] Anais, 2º volume, p. 131/132.

[144] "A Punição Disciplinar dos Regulamentos Disciplinares na Esfera Judiciária."

[145] Ac. Un. 4ª CCr de 22/4/86, HC nº 301/86, Relator Desembargador Mariante da Fonseca.

[146] PRATES, Homero, in "Comentários ao Código de Justiça Militar", Rio, Freitas Bastos, 1939, p. 304.

[147] Na composição do STM dez ministros são oficiais generais e cinco civis.

[148] CF. inciso XXXV, do art. 5º.

[149] CASTRO, Carlos Roberto de Siqueira, in "O Princípio da Isonomia e a Igualdade da Mulher no Direito Constitucional", Forense, 1983, p. 82.

[150] CF, inciso LXIX, do art. 5º:

[151] Lei nº 1533/51, Art. 1º.

[152] SIDOU, J. M. Othon, op. cit. p. 278.

[153] CF, Art. 5º, XXXV.

[154] CF, Art. 109, inciso I.

[155] Ver Jean Claude Roqueplo, "Le Statut des Militaires", Notes & Etudes Documentaires, in La Documentation Française, Paris, 1979.

[156] Of. nº 1818, de 12 Dez 1997, ao Comandante de Operações Navais.

[157] A versão de que a Operação Tabatinga foi deflagrada apenas para fazer retornar aos cofres da Marinha as verbas recebidas ilegalmente fica fortalecida pelo fato de a Operação retroagir para abranger apenas cinco anos. Caso o objetivo principal fosse o combate aos ilícitos, o tempo deveria ser o da prescrição prevista no Código Penal Militar para o crime de estelionato, que é de 12 anos.

[158] A Representação do MPM para declaração de indignidade do oficial e conseqüente perda do posto e da patente só é possível caso a condenação seja superior a dois anos. CF, Art. 142, §3º, VII.

[159] Art. 2º, inciso IV.

[160] Lei da Organização Judiciária Militar, nº 8457, de 04 Set 1992.

[161] *O Globo*, 13 Abr 2004.

[162] Criado em novembro de 2003 pelo ministro Thomaz Bastos, o Gabinete de Gestão Integrada do Sudeste reúne autoridades estaduais da área de segurança pública dos estados de Minas Gerais, Rio de Janeiro e Espírito Santo e representantes federais.

[163] *O Globo*, 13 Abr 2004.

[164] *Folha de S. Paulo*, 05 Mai 2004.

[165] Comando Vermelho e Terceiro Comando são as duas maiores facções criminosas no Rio de Janeiro.

[166] *O Globo*, 15 Abr 2004.

[167] *O Estado de São Paulo*, 01 Mai 2004.

[168] João Arruda, entrevista à *Carta Capital*, 19 Mai 2004.

[169] Dec. nº 3665, 20 Nov 2000, "Art. 3º, XVIII – arma de uso restrito: arma que só pode ser utilizada pelas Forças Armadas, por algumas instituições de segurança, e por pessoas físicas e jurídicas habilitadas, devidamente autorizadas pelo Exército, de acordo com a legislação específica;" Nota do autor: pode ser ou não de propriedade das Forças Armadas.

[170] O Grupo de Trabalho do Ministério Público Militar, responsável pelo levantamento de armas extraviadas nas Forças Armadas, concluiu que o número de armas e munições extraviadas das Forças Armadas nos estados do Rio de Janeiro e Espírito Santo constitui percentual ínfimo se comparado ao arsenal que se atribui de propriedade do crime organizado. De acordo com os dados fornecidos pelo Exército e pela Marinha, entre 1999 e 2004, foram extraviadas, nas corporações localizadas no Rio de Janeiro e no Espírito Santo, 52 armas. Na Justiça Militar, a pesquisa nos processos abertos nos últimos cinco anos revelou um total aproximado de 100 armas desaparecidas das Forças Armadas.

[171] Nota da assessoria do Ministério da Defesa, Jornal do Brasil, 04 Jun 2004.

[172] CF Art. 36, § 1º: "O decreto de intervenção (...) será submetido à apreciação do Congresso Nacional (...) no prazo de vinte e quatro horas."

[173] CF Art. 60, §1º: "A Constituição não poderá ser emendada na vigência de intervenção federal, de estado de defesa ou de estado de sítio."

[174] Ernesto Leme, "A Intervenção Federal nos Estados", 2ª Edição, *Revista dos Tribunais*/SP, 1930, p. 213.

[175] Idem.

[176] Ver Leda Boechat Rodrigues "História do Supremo Tribunal Federal", Tomo III/ 1910-1926, Ed. Civilização Brasileira S.A, p. 85.

[177] Pontes de Miranda, "Comentários à Constituição de 1967, com a Emenda nº 1/1969." Tomo II, Editora Forense, 1987, p. 208

[178] CF Art. 144, §§ 5º e 6º.

[179] CF Art. 34.

[180] CF, Art. 34, inciso III.

[181] CF Art. 142.

[182] Pontes de Miranda, obra citada, p. 213.

[183] CF 24 Fev 1891, Art. 6º. "O Governo Federal não poderá intervir em negócios peculiares aos Estados, salvo: (...) 3º) Para restabelecer a ordem e a tranqüilidade nos Estados, à requisição dos respectivos governos."

[184] Pontes de Miranda, obra citada, p. 214.

[185] Segundo a Exposição de Motivos da emenda apresentada pelo deputado José Genuíno (PT/SP).

[186] CF, Art. 37, VII – "o direito de greve será exercido nos termos e nos limites definidos em lei específica;." Passaram-se 11 anos e até essa data o Congresso Nacional não votou a lei.

[187] Lei Complementar nº 69/91 que prevê o emprego das Forças Armadas somente após esgotados os instrumentos destinados à preservação da ordem pública e da incolumidade das pessoas e do patrimônio. Com a criação do Ministério da Defesa, foi promulgada a Lei Complementar nº 97, de 09 Jun 1999, que manteve as regras para o emprego das FF. AA.

[188] M. Seabra Fagundes, in "As Forças Armadas na Constituição", Biblioteca do Exército, 1955, p. 31.

[189] In "Textos Políticos da História do Brasil", Paulo Bonavides e Roberto Amaral, Vol. III, Edição do Senado Federal, 2002, p. 855.

[190] Idem.

[191] Constituição de 1891, Art. 14 (...) "A força armada é essencialmente obediente, dentro dos limites da lei, aos seus superiores hierárquicos e obrigada a sustentar as instituições constitucionais."

[192] CPM, Art 38, § 2º.

[193] Lei nº 1.079, de 10 Abr 1950, define os crimes de responsabilidade.

[194] Ley 23.521, junio 4 de 1987, Artículo 1º. Aprovada durante o governo de Raúl Alfonsín (1983-1989), foi declarada inconstitucional.

[195] Ver "Ética Militar", Trad. Editorial Sudamericana, Buenos Aires, 1989, p. 21/36.

[196] *O Globo*, 25 Out 1996.

[197] Itamar Augusto Cautiero Franco, governou Minas Gerais de Jan 1999 a Jan 2003.

[198] *O Globo*, 05 Jul 2000.

[199] *O Estado de São Paulo*, 07 Dez 2001.

[200] Dec. nº 3.897, de 24 Ago 2001. Parecer nº 25 AGU, 10 Ago 2001.

[201] Art. 3º.

[202] Art. 4º.

[203] Art. 8º.

[204] Tese aprovada por unanimidade na VIII Conferência Nacional da Ordem dos Advogados do Brasil. Revista de Informação Legislativa, nº 66, a. 17, 1980, p. 45 e seguintes.

[205] Op. cit., Tomo III, p. 316, 319 e 615.

[206] De Plácido Silva, in "Vocabulário Jurídico", Rio, Forense, 1975.

[207] CF, Art. 49, inciso V.

[208] PLS 221/2003, apresentado pelo senador César Borges (PFL/BA).

[209] O autor da emenda foi o senador Marcelo Crivella (PL/RJ).

[210] *O Estado de São Paulo*, 10 Jun 2004.

[211] Relatório do deputado Edmar Moreira (PL/MG), na Comissão de Segurança Pública e Combate ao Crime Organizado, Violência e Narcotráfico. Igualmente, na Comissão de Relações Exteriores e de Defesa Nacional, relator deputado Coronel Alves (PL/AP).

[212] Nova redação do Art. 15, da LC nº 97/1999. A LC nº 117/2004 modificou parte da LC nº 97/1999, que trata da organização, preparo e emprego das Forças Armadas.

[213] José Cretella Júnior, in "Direito Administrativo da Ordem Pública", 2ª Edição, 1987, Editora Forense, Rio, p. 175.

[214] Parágrafo 5º do artigo 15.

[215] CF, Art. 144, §6º.

[216] CF, Art. 34, III.

[217] PEC 24/2003, de autoria do deputado Eduardo Sciarra, PFL/PR.

²¹⁸ Parecer do deputado Roberto Magalhães (PMDB-PE).

²¹⁹ Art. 17-A, inciso IV.

²²⁰ Cretella Junior, op. cit. p. 177.

²²¹ Programa padrão elaborado pelo CoTer – Comando de Operações Terrestres.

²²² In "República: Teoria e Prática", 1978, Ed. Vozes Ltda. em convênio com a Câmara dos Deputados, p. 238.

²²³ General-de-Divisão Paulo Roberto Laranjeira Caldas, comandante da 1ª Divisão de Exército, na Vila Militar, Rio de Janeiro, em artigo publicado na revista "O Girante", Ano IV, nº 4, 2003, p. 14/17.

²²⁴ Com o Dec. nº 5261, de 03 Nov 2004, a 11ª Brigada de Infantaria Blindada, com sede na cidade de Campinas-SP, foi transformada em 11ª Brigada de Infantaria Leve – Garantia da Lei e da Ordem.

²²⁵ 1.500 policiais em 2004, 4.500 em 2005 e igual número em 2006.

²²⁶ Dec. nº 5.289, 29 Nov 2004.

²²⁷ Art. 2º do Dec. nº 5.289, 29 Nov 2004.

²²⁸ *Monitor Mercantil*, 15 Jul 2004. Artigo de Marcos Coimbra, professor titular de Economia da Universidade Cândido Mendes e conselheiro da Escola Superior de Guerra.

²²⁹ Em julho de 2001, no estado do Tocantins, 3.400 PMs se rebelaram e durante 11 dias ocuparam um batalhão da Polícia Militar. Tropas do Exército – de Goiânia e do Rio de Janeiro – foram para a capital, Palmas, e mantiveram cerco aos amotinados até que se rendessem.

²³⁰ *O Globo* e *Folha de S. Paulo*, de 29 Mai 2004.

²³¹ Dec. nº 5.144, de 16 Jul 2004, regulamenta a Lei nº 7.565, de 19 Dez 1986, Código Brasileiro de Aeronáutica.

²³² Recurso Extraordinário 260404/MG, Relator ministro Moreira Alves. Pleno. DJ 21 Nov 2003.

²³³ A LC nº 117/2004 modificou parte da LC nº 97/1999, que trata da organização, preparo e emprego das Forças Armadas.

²³⁴ O parágrafo acrescentado prevê: "O emprego e o preparo das Forças Armadas na garantia da lei e da ordem é considerado atividade militar para fins de aplicação do art. 9º, II, alínea c, do Código Penal Militar."

Parágrafo único, acrescido pela Lei n. 9.299, de 07/08/1996: "Os crimes de que trata este artigo, quando dolosos contra a vida e cometidos contra civil, serão da competência da justiça comum."

[235] Dependerá da interpretação do Supremo Tribunal Federal a respeito. A Suprema Corte tem considerado que o civil comete crime militar quando o militar estiver em "função de natureza militar", assim consideradas as atribuições previstas na Constituição, ali incluída a garantia da lei e da ordem, e não apenas quando em "atividade militar."

[236] CF. Título VIII, Da Ordem Social, Capítulo III, Seção I, Da Educação, Art. 205.

[237] Lei de Diretrizes e Bases da Educação, nº 9.394, de 20 Dez 1996, Art. 1º.

[238] Projeto de Lei n.º 4744, de 2.001, do Deputado Jorge Pinheiro, PMDB/DF.

[239] www.cesdim.org.br. O simpósio foi realizado nos dias 26 e 27 de março de 2001 na Escola Superior de Guerra

[240] A insubmissão ocorre quando o civil selecionado para prestar o serviço militar deixa de se apresentar no dia marcado para a incorporação.

[241] A condenação por crime infamante implica perda do posto e da patente para os oficiais e exclusão disciplinar para as praças.

[242] "Fiscalização de Armas de Fogo e Produtos Correlatos: Uma Política para o Exército Brasileiro", autor Coronel Diógenes Dantas Filho, ECEME/2002.

[243] Lei do Serviço Militar, nº 4.375, de 17 Ago 1964.

[244] Município não tributário, segundo o Regulamento da Lei do Serviço Militar (Dec. nº 57.654, de 20 Jan 1966), é aquele considerado, pelo Plano Geral de Convocação anual, como não contribuinte à convocação para o Serviço Militar inicial.

[245] CF Art. 143, § 2º -"As mulheres e os eclesiásticos ficam isentos do serviço militar obrigatório em tempo de paz, sujeitos, porém, a outros encargos que a lei lhes atribuir."

[246] Instituto Brasileiro de Geografia e Estatística, estimativas para o mês de junho de 2004, da Pesquisa Mensal de Emprego nas regiões metropolitanas de Recife, Salvador, Belo Horizonte, Rio de Janeiro, São Paulo e Porto Alegre.

[247] A pesquisa foi realizada em uma das 20 Comissões de Seleção do Município do Rio de Janeiro.

[248] *O Globo*, 07 Março 1999.

[249] Idem.

[250] EC nº 332/1996.

[251] EC nº 45, de 2004.

[252] Sobre a formação dos militares voltada para a guerra, ver "Guerra e Vitimologia", monografia de João Rodrigues Arruda para a disciplina Vitimologia, do Doutorado em Direito da Universidade Federal do Rio de Janeiro. Publicada na Revista do Ministério Público Militar, Ano XIII, nº 16, 1994.

[253] VAZQUEZ, Octavio Vejar, in "Autonomia del Derecho Militar", México, Ed. Stylo, 1948, p. 17.

[254] George Clemenceau, França, 1841-1929. Presidente do Conselho de 1906 a 1909 e ministro da Guerra de 1917 a 1919. Ver Esmeraldino Bandeira, in "Direito, Justiça e Processo Militar", 2ª Edição, Vol. I, Livraria Francisco Alves, 1919, p. 57.

[255] Le Statut des Militaires", Notes & Etudes Documentaires, La Documentation Française, Paris, 1979.

[256] Prefaciando a obra "Autonomia del Derecho Militar", de Octavio Vejar Vasquez, Editorial Stylo, México, 1948.

[257] Alvará de 18 de fevereiro de 1764, "Consultor Militar", Cel Cândido Borges Castello Branco, Liv. Francisco Alves, 5º Edição, 1917.

[258] "Direito, Justiça e Processo Militar", 2ª Edição, Vol. I, Livraria Francisco Alves, 1919, p. 12.

[259] Edmundo Moniz, in "A Lei de Segurança Nacional e a Justiça Militar", Editora Codecri, Rio de Janeiro, 1984, p. 19.

[260] Ver Sara Ramos de Figueiredo, in Justiça Militar, Revista de Informação Legislativa, 17/134.

[261] *O Jornal*, 8 Set 1967.

[262] Encontro promovido pela Fundação Arias, dirigida pelo ex-presidente da Costa Rica e Prêmio Nobel da Paz, Oscar Arias.

[263] O Tribunal Penal Internacional foi criado pelo Estatuto de Roma, aprovado em 17 de julho de 1998 e entrou em vigor em 1º de julho de 2002.

[264] A ex-Iugoslávia corresponde hoje aos Estados da Eslovênia, Croácia, Bósnia, Macedônia e a atual Iugoslávia, formada por Sérvia e Montenegro.

²⁶⁵ http://www.unesco.org.br/noticias/releases/destroi_patrim.asp – 01 Jan 2002.

²⁶⁶ Ver *Folha de S. Paulo*, 22 Jun 2002.

²⁶⁷ PEC nº 203, de 2000.

²⁶⁸ A Emenda Constitucional da Reforma do Judiciário foi promulgada em 08 Dez 2005.

²⁶⁹ Nova redação proposta para o Artigo 298,A da Constituição de Portugal.

²⁷⁰ "A dissolução da Constituição", por Vital Moreira, in http://www.idp.org.br/discon.htm, 01 Jan 2002.

²⁷¹ Dec. nº 949.

²⁷² In "República: Teoria e Prática", Editora Vozes Ltda. em convênio com a Câmara dos Deputados, 1978, p. 184.

²⁷³ Dec. 14.450/1895.

²⁷⁴ Portaria nº 73, de 03 Fev 2000. Foram nomeados o ministro do STM, Carlos Alberto Marques Soares, o promotor da Justiça Militar João Rodrigues Arruda, o juiz-auditor Cláudio Amin Miguel e os advogados Ariosvaldo de Góis Costa Homem e Sheila de Albuquerque Bierrenbach

²⁷⁵ *Jornal do Brasil*, 17 Fev 2000.

²⁷⁶ Grupo de Trabalho instituído pela Portaria no 1.036, de 2001, do Ministério da Justiça.

²⁷⁷ Art. 44, § 1º do anteprojeto de lei.

²⁷⁸ Idem, § 3º.

²⁷⁹ Art. 3º. Os (...) crimes de guerra são imprescritíveis, inafiançáveis e insuscetíveis de anistia, graça ou indulto.

²⁸⁰ Citado por Carlos Castello Branco, "Coluna do Castello", *Jornal do Brasil*, 30 Mai 1991.

²⁸¹ Citado por Jorge Zaverucha *in* "FHC, forças armadas e polícia: entre o autoritarismo e a democracia (1999-2002)" — Rio de Janeiro: Record, 2003, p. 36.

²⁸² Os comandantes da Marinha, Exército e Aeronáutica perderam *status* de ministros e mais o Estado-Maior das Forças Armadas, que deu origem ao Ministério da Defesa.

[283] Idem p. 220.

[284] ZAVERUCHA, Jorge, op. citada, p. 262.

[285] Antes da conclusão desse livro, o Cesdim criou uma comissão para elaborar um anteprojeto de Código Disciplinar das Forças Armadas.

[286] Em artigo sob o título "Problemas militares" (*Jornal do Brasil*, 31 Mai 1991), o autor desse livro já alertava: "Não demora muito e começam os processos questionando a validade jurídica dos regulamentos disciplinares junto ao Judiciário, quando então as autoridades militares se apressarão em declarações pomposas, denunciando manobras escusas para denegrir as instituições militares."

[287] A nomeação de ministros do Supremo Tribunal Federal, dos Tribunais Superiores, do presidente do Banco Central, entre outros cargos, depende de aprovação do Senado Federal, conforme o inciso XIV, do Art. 84 da CF.

[288] Em novembro de 2004, em expediente (Ofício nº 082/2004/Adm – PJM/RJ – 2º Ofício) encaminhado à procuradora-geral da Justiça Militar, o promotor de Justiça Militar, João Rodrigues Arruda, alertou para a ilegalidade das "intervenções brancas." Uma das funções institucionais do Ministério Público da União é a defesa da autonomia dos estados, podendo expedir recomendações a respeito (Art. 5º, I, "f" e Art. 6º, XX, da Lei Complementar nº 75, de 20 Mai 1993).

BIBLIOGRAFIA

ALMIRANTE, D. José. *Diccionário Militar*. Madrid, 1869.

ARRUDA, João Rodrigues. "A ampla defesa no direito disciplinar no Exército". *Revista A Defesa Nacional*, n.719, Mai/Jun 85.

_____. "Do cabimento do *Habeas Corpus* nas transgressões disciplinares". *Revista do Superior Tribunal Militar*, vol 10, nº 1, 1988.

_____. "Guerra e Vitimologia". *Revista do Ministério Público Militar*, Ano XIII, nº 16, 1994.

BANDEIRA, Esmeraldino. *Direito, Justiça e Processo Militar*. 2ª Edição, Vol. I. Rio de Janeiro: Livraria Francisco Alves, 1919.

BARBOSA, Rui. *República: Teoria e Prática*. Ed. Vozes Ltda., em convênio com a Câmara dos Deputados, 1978.

BONAVIDES, Paulo; AMARAL, Roberto. *Textos Políticos da História do Brasil*. Vol. III, Edição do Senado Federal, 2002.

CAETANO Marcelo. *Do Poder Disciplinar*.

CASTELLO BRANCO, Cândido Borges. *Consultor Militar*. Rio de Janeiro: Imprensa Nacional, 4ª edição, 1911.

CASTRO, Carlos Roberto de Siqueira. *O Princípio da Isonomia e a Igualdade da Mulher no Direito Constitucional*. Rio de Janeiro: Editora Forense, 1983.

CASTRO, Celso de. *O Espírito Militar* – Um Estudo de Antropologia Social na Academia Militar das Agulhas Negras. Rio de Janeiro: Jorge Zahar Editor, 1990.

_____ *Nova História Militar Brasileira*. Organizadores: Celso Castro, Vitor Izecksohn, Hendrik. Rio de Janeiro: Editora Fundação Getúlio Vargas, 2004.

CAVALCANTI, Themistocles. *Do Mandado de Segurança*.

CLAUSEWITZ, Karl von. *Da Guerra*. Martins Fontes e Editora Universidade de Brasília, 1ª Edição, 1979.

COELHO, Edmundo Campos. *Em Busca de Identidade*: O Exército e a Política na Sociedade Brasileira. Rio de Janeiro: Forense Universitária, 1976.

COSTA, Álvaro Mayrink da. *Crime Militar*. Ed. Rio.

DAVENPORT, Manuel M.(organizador). *Ética Militar*. Tradução de Rafael Urbino. Buenos Aires: Editorial Sudamericana, 1989.

DE PLÁCIDO e Silva. *Vocabulário Jurídico*. Rio de Janeiro: Forense, 1975.

Dicionário Histórico Biográfico Brasileiro, Fundação Getúlio Vargas, Centro de Pesquisa e Documentação.

Diversos Autores. *Direito Administrativo da Ordem Pública*. 2ª Edição, 1987, Rio de Janeiro: Editora Forense.

FAGUNDES, M. Seabra. *O Controle dos Atos Administrativos pelo Poder Judiciário*. Rio de Janeiro: Editora Forense, 4ª Edição.

_____. *As Forças Armadas na Constituição*. Biblioteca do Exército, 1955.

GOEDSEELS, X. *Manuel de Procédure Pénale Militaire*. La Panne, 1916.

I Congresso de Direito Penal Militar. *Anais*, 2º volume, 1958.

MIRANDA, Francisco Cavalcanti Pontes de. *Comentários à Constituição de 1967, com a Emenda nº 1/1969*. Tomo II, Rio de Janeiro: Editora Forense, 1987.

MOURÃO FILHO, Olympio. *Memórias: A Verdade de um Revolucionário*. Apresentação de Hélio Silva. L&PM Editores Ltda. 3ª Edição, 1978.

PRATES, Homero. *Comentários ao Código de Justiça Militar*. Rio de Janeiro: Editora Freitas Bastos, 1939.

RODRIGUES, Leda Boechat. *História do Supremo Tribunal Federal*. Tomo III, 1910-1926, Editora Civilização Brasileira.

ROQUEPLO, Jean Claude. *Le Statut des Militaires*. Notes & Etudes Documentaires, La Documentation Française, Paris, 1979.

SALLES, Ricardo. *Guerra do Paraguai*: escravidão e cidadania na formação do Exército. Rio de Janeiro: Editora Paz e Terra, 1990.

SIDOU, J. M. Othon. *As Garantias Ativas dos Direitos Coletivos.* Rio de Janeiro: Editora Forense, 1977.

SOARES, Vicente Henrique Varela; ADELINO, Eduardo Augusto das Neves. *Dicionário de Terminologia Militar.* Editora dos Autores, 1962.

SOUZA, Adriana Barreto de. *Nova História Militar Brasileira*. Rio de Janeiro: Editora FGV, 2004.

STEPAN, Alfred. "The military in politics". Traducción Iné Pardal. *Brasil: los militares y la política.* Buenos Aires, Argentina: Amorrortu editores S.A., 1971.

VAZQUEZ, Octavio Vejar. *Autonomía del Derecho Militar.* México: Editora Stylo, 1948.

ZAVERUCHA, Jorge. In *FHC, forças armadas e polícia:* entre o autoritarismo e democracia (1999-2002). Rio de Janeiro: Record, 2003.

CARACTERÍSTICAS DESTE LIVRO:
Formato: 14 x 21 cm
Mancha: 10 x 17 cm
Tipologia: Times New Roman 11/15
10/14 (bibliografia), Arial 9/12 (notas)
Papel: ofsete 90g/m² (miolo)
Cartão Supremo 250g/m² (capa)
Gráfica: Sermograf
1ª edição: 2007

*Para saber mais sobre nossos títulos e autores,
visite o nosso site:*
www.mauad.com.br